공인중개사
합격부터 창업까지

LICENSED REAL ESTATE AGENT

공인중개사 합격부터 창업까지

김정우 지음

FROM PASS TO START-UP

좋은땅

프롤로그

2023년 10월 공인중개사 시험 합격, 창업 준비, 2024년 5~6월 중 개업. 딱 이 정도의 계획만 세우고 중개업에 발을 들인 지 1년이 채 안 되었습니다. 아직 실력도, 경험도 부족한 제가 책을 쓰는 이유는 합격부터 창업, 그리고 실무까지의 과정을 이제 막 합격한 공인중개사분들께 공유하고 싶었기 때문입니다. 제가 겪었던 과정이 고민이 많으실 공인중개사분들에게 조금이나마 도움이 되고, 시행착오를 줄일 수 있는 힌트가 되었으면 하는 바람입니다.

따라서 조언의 의미보다 중개업과 전혀 관련 없는 일만 했던 제가 어떤 과정을 거쳐 개업을 하고 자리를 잡았는지 설명하는 데 초점을 맞췄습니다. 나아가 수년 뒤 경력과 경험이 쌓인 시점에 저를 되돌아볼 수 있는 근거를 텍스트로 남기기 위함이기도 합니다.

기존 중개사무소가 아닌, 카페를 인수하여 창업했기 때문에 매물과 고객 명단 확보가 전혀 되어 있지 않은 상태에서 중개업을 시작했지만 상가, 사무실, 아파트, 빌라, 그리고 원·투룸까지 매매와 임대차를 두

루 경험하고 많게는 일주일에 5~6건의 계약서를 쓰기도 하면서 짧은 시간 만족할 만한 성과를 이뤄 냈습니다.

물론 실적이 저조한 기간도 있었지만 개업 이후 단기간에 자리를 잡을 수 있었던 것은 주변 분들이 아낌없이 도와주셨기 때문입니다. 어떻게 도움을 받을 수 있었는지, 어떤 도움을 받았는지도 본문에서 상세히 다룰 예정입니다.

이제 막 합격한 공인중개사 입장에서 크게 고민되는 것 중 하나는 '어떤 과정을 거쳐 창업을 하느냐'입니다. 소속공인중개사로 시작을 해야 할지 바로 개업을 해야 할지, 소속공인중개사로 시작한다면 어디에 취업을 해야 할지도 고민일 것이고 개업을 선택한다면 창업 지역과 주 중개대상물도 고민의 대상일 것입니다.

아마 이 책을 읽고 계신 분들이라면 대부분 이와 같은 고민을 하고 계실 거라고 생각합니다. 독서, 유튜브, 커뮤니티 등 다양한 경로로 고민에 대한 해결책을 찾고 계실 공인중개사분들께 제 경험을 담은 이 책이 조금이나마 힌트가 되었으면 좋겠습니다. 저 또한 많은 고민과 선택을 반복하면서 이제 막 자리를 잡았습니다. 최근까지 같은 고민을 했던 개업공인중개사로서 기억이 흐려지기 전에 합격부터 창업까지의 과정을 공유하고 저 또한 초심을 잃지 않을 수 있는 계기가 되었으면 하는 바람에서 저의 첫 책을 써 봅니다.

본문을 집필하기에 앞서 책을 쓸 수 있도록 도와주신 분들께 감사 인사를 드리고자 합니다.

먼저, 교육 과정 이후에도 많은 가르침을 주시는 네오비 비즈 아카데미 조영준 대표 교수님, 늘 함께해 주시는 강남박문각 제34회 공인중개사 동기 회원 분들께 감사드립니다.

그리고 이제 막 중개업을 시작한 입장에서 책 내용에 대해 질문해 주신 석현 님께도 감사 인사를 드립니다.

마지막으로, 선배 공인중개사로서 원고를 검토해 주시고 늘 아낌없이 도와주시는 아버지, 이제 막 개업한 저를 물심양면으로 지원해 주시고 응원해 주시는 할머니와 어머니께 진심으로 감사드립니다.

목 차

프롤로그   4

합격부터 창업까지

1   시험 직후   10
2   합격자 발표   14
3   부동산 공부   19
4   네이버 블로그   23
5   손품   32
6   발품   37
7   계약서와 중개대상물 확인설명서   47

개업 이후

1   마인드셋   58
2   스마트플레이스   66
3   매물 정리   93
4   고객 관리   103
5   공동 중개   115
6   프랜차이즈 창업 박람회   122
7   상권 분석   131
8   전자계약   140
9   누구한테 물어봐야 할까   151
10   중개 사례   164
11   지속적인 공부   183

합격부터
창업까지

시험 직후

"자격증 취득은 끝이 아닌, 새로운 시작"

2023년 10월 28일 토요일. 누구보다 열심히 공부한 저는 운까지 더해져 제34회 공인중개사 시험에 무난히 합격할 수 있었습니다. 물론 가채점이긴 했지만 점수도 나름 넉넉했고 마킹도 여러 차례 확인했기 때문에 합격을 확신할 수 있었습니다. 이틀 뒤인 월요일, 수강을 계획했던 중개 실무 교육기관에 전화하여 등록하고 본격적인 개업 준비를 시작했습니다.

10년 넘게 피트니스 트레이너 일만 했고 부동산 관련 공부를 따로 해 본 적이 없었기 때문에 개업공인중개사가 되기 위해서는 별도의 교육을 받을 필요가 있겠다고 판단했습니다. 그래서 시험 공부를 하는 동안 틈틈이 검색을 통해 여러 교육기관을 비교했는데, 저는 이때 공인중개사 실무와 관련된 교육이 상당히 많다는 사실에 놀랐습니다.

아파트, 상가, 토지 등 각 중개대상물에 특화된 교육도 있었고 마케팅, 경매, 매수신청 대리, 권리분석 등 공인중개사로서 역량을 강화할 수 있는 다양한 분야의 교육도 있었습니다. 이를 통해 알 수 있었던 건 전문성 강화를 위해 끊임없이 노력하는 공인중개사분들이 많다는 사실이었습니다. 교육 과정이 많다는 건 그만큼 수요도 많다는 방증이니까요.

이제 막 시험에 합격한 초보 공인중개사로서 꾸준히 공부하겠다는 다짐을 하지 않을 수 없었습니다. 자격증 취득을 위해 공부했던 여섯 과목의 내용만으로 실무를 한다는 건 조리사 자격증을 따고 바로 식당을 개업하는 것이나 마찬가지라고 생각했고, 더 알아야 할 내용이 무궁무진하다는 걸 어렵지 않게 알 수 있었죠. 이 다짐의 일환으로 가장 신뢰할 수 있는 교육기관 한 곳을 선택하여 시험 직후 수강 신청을 하였습니다. 그리고 교육기관 개강과 합격자 발표까지 약 한 달이라는 시간이 있었기 때문에 이 시간을 어떻게 활용하면 좋을지 고민했고 다음 두 가지를 중점적으로 하였습니다.

① 부동산 관련 기사 읽기
② 부동산 커뮤니티 참여

개업 전 가장 걱정했던 것 중 한 가지는 내가 모르는 내용을 손님이 물어보는 것이었습니다. 해결을 위해서는 손님이 어떤 질문을 할지 예상할 수 있어야 하는데 이걸 알 수 있는 방법이 없으니 위 두 가지 방법을 생각하게 되었습니다.

대부분의 사람들이 관심 있어 하는 내용이 기사로 나올 것이고, 궁금해하는 내용이 커뮤니티(예: 카카오톡 오픈 채팅, 네이버 카페 등) 질문으로 올라올 것이라는 단순한 생각으로 열심히 찾아봤습니다. 기사 내용 중 모르는 부분이 있다면 검색을 통해 공부했고 커뮤니티 질문을 손님의 질문이라고 생각하며 관련 자료를 참고하여 가상의 답변을 만들었습니다. 혹시라도 잘못된 답변을 하여 질문자에게 피해를 주면 안 됐기 때문에 가상의 답변을 만들면서 공부한 것이죠.

이 두 가지 방법으로 습득한 지식은 추후 블로그 포스팅의 주제가 되었고 개업 전 부동산 공부의 기초가 되었습니다.

또한 개업 이후 손님들의 다양한 질문을 받을 때 내가 답변할 수 있는 내용과 답변할 수 없는 내용을 구분할 수 있게 되었습니다. 답변할 수 있는 질문 중에서도 즉답이 가능한 영역과 관련 자료를 참고하여 답변할 수 있는 영역이 나누어지는데, 질문 내용에 따라 어떤 자료를 어디서 찾아봐야 하는지 알게 되었습니다. 찾는 것도 실력이라 반복적인 연습을 통해 좋아질 수 있습니다. 내가 모르는 내용을 검색해서 찾아봐야 문제 해결 능력도 향상되고 현장에서 당황할 일도 줄어들 수 있다고 확신합니다.

합격자 발표

"합격자 모임, 그리고 동기 찬스"

공인중개사 학원에는 큰 특징이 있습니다. 각 학원마다 합격자 모임이 있고 이를 마케팅으로 활용하기 때문에 많은 수험생들이 시험 준비를 하면서 합격 후 이 모임에 참석하는 희망찬 상상을 하게 됩니다. 저 또한 공부를 하면서 합격자 모임에 대한 기대를 여러 번 했던 기억이 납니다.

2023년 11월 29일. 제가 다녔던 학원에서는 합격자 발표 당일 합격자 모임이 있었고, 오전에 합격 통지를 받은 저는 기분 좋게 기대했던 모임에 참석할 수 있었습니다. 합격 자체로도 기뻤지만 제가 이 모임을 기다렸던 건 바로 공인중개사 인맥을 넓힐 수 있는 기회라고 생각했기 때문입니다. 저는 운이 좋게도 합격자 모임 회장으로 선출되어 보다 많은 동기 공인중개사분들과 교류할 수 있었고 지금까지도 좋은

인연을 이어 가고 있습니다.

- 합격자 모임을 통해 얻을 수 있는 것

① 정보 교류
② 공동 중개

합격자 모임은 단순히 합격을 축하하는 축제의 장이 아닙니다. 모임 참석자들은 대부분 앞으로 중개업을 해 나갈 분들이고 같은 시기에 비슷한 고민을 하고 있는 사람들이기 때문에 적극적으로 참여한다면 좋은 힌트를 얻을 수 있고 내가 생각하지 못한 아이디어, 고민에 대한 해결책도 들을 수 있습니다.

온라인으로 공부하셨던 분들이라면 참석이 망설여질 수 있겠지만 1년 넘게 모임을 운영하면서 제가 느낀 건 온·오프라인이 중요한 것이 아니라 적극적인 참여 의지가 중요하다는 사실입니다. 인터넷 강의를 듣고 합격하셨더라도 어색하게 생각하지 마시고 모임에 참여하셔서 동기 공인중개사분들과 활발히 소통하실 것을 적극 권장합니다.

그리고 어떠한 인맥 활동도 없이 혼자 중개업을 해 나간다면 거래할 수 있는 중개대상 지역을 넓히기가 어렵습니다. 물론 내 사무실 인근에서 가장 많은 거래가 성사되겠지만 거래 금액이 큰 중개대상물(예를 들면 빌딩, 토지 등)의 경우에는 멀리 떨어진 곳에서 계약이 이루어지기도 합니다.

　매물이 멀리 떨어져 있을 수도 있고, 타 지역 손님과 계약을 하기도 하지요. 저의 경우도 타 지역 문의를 종종 받습니다. 아파트 매도 고객이 이사를 위해 타 지역 매물을 물어보기도 하고, 점포를 운영하고 있는 사장님이 매장을 추가로 오픈하기 위해 타 지역 중개사무소 소개를 요청하기도 합니다. 이때마다 저는 동기 찬스를 적극 활용하고 있어요.

　이처럼 공인중개사 인맥이 있으면 창업 준비 과정부터 개업 이후 실무까지 다양한 도움을 받을 수 있습니다. 개업 이후 내 사무실 주변 공인중개사분들과 인맥을 쌓고 좋은 관계를 유지해야 하는 것도 중요하고 아무리 강조해도 지나치지 않지만, 지역에서 상호 경쟁을 하는 상황이다 보니 이해관계가 얽힐 수밖에 없습니다.
　반면 동기 모임에서는 보다 편한 마음으로 정보를 교류할 수 있기 때문에 자유롭게 의견을 나눌 수 있는 분위기가 만들어집니다.

　물론 각자의 경험도, 실무 관련 지식도 부족한 상황에서의 모임이지만 중개업으로 성공하고자 하는 동일한 목표가 있고 이를 달성하기 위한 지식과 정보 습득이라는 공통된 니즈가 있습니다. 게다가 서로의 정보가 필요한 시기도 같기 때문에 원하는 답을 빠르게 찾을 수 있습니다. 조금 더 구체적으로 동기 모임을 통해 어떤 정보를 얻을 수 있는

지 살펴보겠습니다.

① 소속공인중개사 vs 개업공인중개사
② 면접 후기, 근무 후기(급여 조건 등)
③ 근무지 선택
④ 강의 정보
⑤ 관련 서적
⑥ 브리핑 노하우
⑦ 광고 및 홍보 수단
⑧ 계약 사례
⑨ 지역 이슈
⑩ 부동산 정책, 관련 법 개정 등

대다수는 합격 이후 이 순서대로 궁금증이 생깁니다. 보통 합격자 모임 초기에는 1~5번 주제로 대화가 오갑니다. 한두 명씩 취업이나 개업을 하게 되면서 6~10번 주제로 넘어가죠. 합격자 모임에 참석하면서 중개업에 대한 계획이 있는 분들이라면 시간 차이만 있을 뿐 언젠가는 취업이나 개업을 하게 됩니다.

따라서 조금 더 일찍 취업한 동기에겐 면접 후기, 사무실 분위기 등 취업 후기를 들을 수 있고 개업한 동기에겐 입지 선정 과정, 개설 등록부터 사업자 등록까지의 개업 과정, 개업 전 미리 준비해야 할 사항 등 다양한 정보를 들을 수 있습니다.

  이처럼 동기에게 듣는 면접 후기와 지역 이슈 등이 근무지 선택에 도움이 될 수 있고, 취업과 개업 중에 고민하는 나에게 큰 힌트가 될 수도 있습니다. 계약서 쓸 때 참고할 수 있는 책을 추천하기도 하고 손님 브리핑 스킬과 마케팅 실력을 쌓을 수 있는 강의를 함께 들으러 가기도 합니다.

  시간이 더 지나면 각자의 계약 사례, 손님 브리핑 노하우 등 직접 겪은 실무 이야기가 오갑니다. 손님 응대 과정에서 겪은 고충이나 사무실 내에서 발생한 갈등과 같이 같은 공인중개사가 아니라면 공감하기 어려운 내용들도 동기들에겐 털어놓을 수 있습니다. 이야기를 나누면서 심리적인 위로도 받을 수 있고 실질적인 해결책도 들을 수 있습니다.

  저의 경우는 합격자 모임 활동을 한 지 1년이 조금 넘었지만 이미 수차례 실무에 대한 도움과 심리적인 위로를 받았습니다. 시간이 지날수록 나눌 수 있는 이야기도 늘어나고 서로 주고받을 수 있는 실질적인 도움도 많아지겠지요. 이처럼 같은 해에 합격한 공인중개사들끼리 나눌 수 있는 이야기는 수도 없이 많으니 동기 찬스를 적극 활용해 보세요.

부동산 공부

"부린이 탈출하기"

중개업 공부와 부동산 공부. 얼핏 비슷해 보이지만 차이가 있습니다. 같은 부동산 계약이라도 거래 당사자로서 주의해야 할 사항과 공인중개사로서 체크해야 할 사항이 다르기 때문이지요(물론 교집합은 있습니다).

여기서 중요한 건 거래 당사자는 공인중개사가 체크해야 할 내용을 몰라도 되지만, 공인중개사는 거래 당사자가 주의해야 할 사항과 알고 싶어 하는 내용을 숙지하고 있어야 한다는 사실입니다.

거래 당사자가 원하는 내용을 알고 있어야 효과적인 브리핑도 할 수 있고 계약을 성사할 가능성도 높아지겠죠. 따라서 공인중개사법에 따른 계약서 필수 기재사항, 중개대상물 확인설명서 작성 방법뿐만 아니라 일반 거래 당사자가 알고 싶어하는 내용까지 관심을 가지셔야 합니다.

앞에서 말씀드렸듯 부동산 관련 기사와 커뮤니티에 올라오는 질문은 우리에게 큰 힌트가 될 수 있습니다. 이런 질문들을 보다 보면 우리가 공인중개사 시험 합격을 위해 공부했던 지식으로 이해하고 답변할 수 있는 내용도 있지만 그렇지 않은 내용도 많다는 사실을 알 수 있습니다. 바로 이 부분이 개업 또는 취업을 하기 전에 미리 공부할 수 있는 영역이지요.

① 부동산 관련 서적
② 유튜브, 블로그

더 나아가 부동산 관련 서적을 읽으면서 지식을 쌓을 수도 있습니다. 시중에 출간된 부동산 서적은 공인중개사가 아닌 일반 대중을 대상으로 집필되었기 때문에 우리가 시험 직후 관련 지식을 키우기에 좋은 내용이 많습니다. 보통 부동산 초보를 일컫는 부린이를 대상으로 쓰여진 책들이지만 결코 만만한 내용만 있지 않습니다.

거래 당사자로서 매매 또는 임대차 계약 전후로 반드시 체크해야 할 사항, 실거주와 투자 등 각각의 목적에 따라 알고 있어야 하는 내용, 그리고 임장이나 계약을 진행하면서 중개사무소에 물어봐야 하는 질문 리스트까지 다양한 주제가 있습니다.
이러한 내용들을 손님은 아는데 우리가 모른다면 현장에서 꽤나 애

먹을 수 있습니다. 모든 내용을 암기하고 바로 답변할 수는 없겠지만 적어도 어디에서 찾아봐야 하는지, 내가 알아보고 답변할 수 있는 내용인지 여부는 알아야겠죠. 합격 이후 중개업을 시작하기 전까지 시간이 있을 테니 적어도 한 권 정도는 읽어 보시기를 권장합니다.

그리고 시간이 된다면 블로그, 유튜브를 통해 관련 지식을 습득하는 방법도 병행할 수 있습니다. 제가 추천하는 방법은 부동산 투자 전문가나 시장 동향을 주로 다루는 채널보다 현업공인중개사분들이 운영하는 채널을 보는 것입니다.

현업공인중개사분들이 운영하는 채널은 콘텐츠의 대부분이 중개사무소 손님들이 궁금해할 만한 내용으로 이루어져 있기 때문이죠. 따라서 중개업을 시작하기 전에 손님들의 질문을 간접적으로 예상해 보고 답변까지 준비할 수 있는 좋은 방법이 될 수 있습니다.

다만, 블로그나 유튜브를 통해 공부하는 경우에는 개정 사항이 반영되지 않거나 잘못된 정보가 있을 수 있어서 주의해야 합니다. 제가 경험하면서 느낀 건 구독자나 조회수가 많다고 하여 반드시 옳은 내용만 있는 것이 아니라는 사실입니다.

콘텐츠 업로드가 비교적 최신임에도 불구하고 이미 개정된 내용이 반영되어 있지 않다거나 관련 법조문 또는 판례에 저촉되는 내용을 여러 번 봤던 기억이 있습니다. 따라서 내가 공부한 내용과 다르다고 생각이 된다면 한 번쯤 확인하실 필요가 있습니다. 참고로 저는 공인중개사 수험서와 국가법령 관련 사이트 중 하나인 법제처 국가법령정보센터를 통해 주로 찾아봤습니다.

위 주의사항만 인지한다면 현업공인중개사분들의 블로그와 유튜브를 보는 건 또 다른 의미에서 도움이 됩니다. 시험 합격 후 블로그와 유튜브 운영을 계획하시는 분들이 많은데 막상 시작부터 어려운 경우가 많습니다.

이럴 때 현직 공인중개사분들이 운영하고 있는 채널은 큰 힌트가 될 수 있어요. 부동산 관련 지식을 쌓기 위해 보는 유튜브와 블로그에서 내가 앞으로 발행할 콘텐츠의 주제와 채널 운영의 방향성도 엿볼 수 있습니다.

네이버 블로그

"시작이 반이다"

 네이버 블로그는 현업공인중개사들이 홍보 수단으로 가장 많이 활용하는 SNS입니다. 무료로 운영이 가능하고 편하고 쉬운 글쓰기 환경을 제공합니다. 따라서 접근하기가 쉽고, 의지만 있다면 지속적인 글쓰기를 통해 검색 이용자들에게 내 포스팅을 노출할 수 있습니다. 문제는 무작정 글을 쓴다고 하여 검색에 노출되는 것이 아니라는 점입니다.
 블로그를 일기장으로 쓰지 않는 이상 누군가는 내 포스팅을 봐 줘야 합니다. 그래야 홍보 수단으로서 효과가 있겠지요. 그래서 블로거들 사이에서는 상위 노출 방법이 늘 관심 대상입니다. 이는 어떤 주제의 블로그라도 마찬가지이고, 자영업자라면 업종 무관 공통 사항입니다.

 공인중개사로서 블로그를 시작하기 전에 가장 먼저 하셔야 할 일은 블로그 운영의 목적을 정하는 것입니다. 매물 광고가 목적이 될 수도 있고, 부동산 관련 정보를 쌓아가는 것이 목적일 수도 있습니다. 내가 어떤 목적으로 블로그를 운영하느냐에 따라 독자층이 정해질 것이고 포스팅의 방향도 달라지겠지요.

핵심은 어떤 목적이든 내 중개업에 실질적인 도움이 되어야 한다는 점입니다. 즉, 매출로 연결되어야 합니다. 잘 찍은 사진과 멋있게 편집된 영상으로 매물을 광고하여 거래를 성사할 수도 있고, 부동산 관련 정보를 보고 찾아온 손님을 통해 계약이 이루어질 수도 있습니다.

이처럼 어떤 경우라도 누군가가 내 글을 봐야 다음 스텝으로 이어질 수 있습니다. 그래서 내 포스팅을 검색 결과 상위에 노출하는 것이 중요한데 블로그를 시작하고 내 포스팅이 상단에 노출되기까지는 시간이 다소 걸립니다.

1) 블로그 상위 노출

절대적인 운영 기간, 지속적인 포스팅, 이웃 관리, 공감과 댓글, 그리고 네이버 검색 로직에 맞는 글쓰기까지 알아야 할 내용이 방대합니다. 하지만 우리가 온라인 마케팅 전문가도 아니고 이 많은 내용을 일일이 지켜 가면서 블로그를 운영하기에는 무리가 있습니다.

블로그 자체로 광고 수익(애드포스트)을 내는 것이 목적이 아닌, 본업을 영위하면서 일정 시간을 내어 블로그를 운영하는 자영업자 입장에서는 효율성을 중요시할 수밖에 없습니다. 저 또한 마찬가지고요. 그래서 저는 블로그를 운영하면서 해야 할 것에 초점을 맞추기보단, 하지 말아야 할 것들만 주의하면서 글쓰기를 이어 가시라고 말씀드리고 싶습니다.

그리고 가장 중요한 건 글을 써야 블로그 운영을 시작할 수 있다는 사실입니다.

많은 분들이 스킨이나 타이틀 꾸미기, 카테고리 분류 등 블로그 운영에 있어서 중요도가 매우 떨어지는 영역에 매몰되어 정작 글쓰기를 시작하지 못합니다. 스킨이나 타이틀로 대표되는 블로그의 디자인 영역은 검색 상위 노출에 어떤 영향도 없으며 블로그에 유입된 검색 이용자가 관심을 갖고 보는 부분도 아닙니다.

그저 자기 만족이며, 블로그 시작을 더디게 만드는 요인일 뿐이기 때문에 디자인은 크게 신경 쓰지 마시고 일단 글쓰기부터 시작하셔야 합니다.

① 하지 말아야 할 것만 주의하기
② 글쓰기 시작하기

가장 주의해야 할 건 저품질 블로그라고 불리는 검색 누락 현상입니다. 저품질 블로그가 되는 경로는 여러 가지가 있는 것으로 알려져 있으나 가장 대표적인 사유는 유사 문서 적발입니다. 포스팅에 사용한 사진이나 작성한 글을 네이버 검색엔진 봇이 유사 문서로 판단했을 경우 검색 결과 누락이 될 수 있고, 이것이 반복되면 해당 블로거가 어떤 글을 작성하더라도 검색에 노출되지 않는 상황으로 이어질 수 있습니다.

따라서 퍼 온 글이나 사진이 아닌, 직접 작성한 글과 촬영한 사진을 포스팅에 담아야 합니다. 물론 AI로 작성한 글이나 퍼 온 글을 여러 차례 수정하여 유사 문서에 걸리지 않도록 하는 방법도 있는 것으로 알려져 있으나 저는 추천하고 싶지 않습니다. 왜냐하면 공인중개사로서 직접 작성한 글을 블로그에 담는다는 건 유사 문서 적발 가능성이 줄어든다는 의미 외에도 또 다른 장점이 있기 때문입니다.

부동산 관련 상식, 커뮤니티 질문에 대한 답변, 계약 사례, 브리핑을 위한 참고 자료, 부동산 정책, 지역 이슈 등 공인중개사가 블로그에 담을 수 있는 주제는 매우 많습니다.

이러한 내용들을 블로그에 직접 작성하다 보면 진정한 나의 지식이 될 수 있고, 혹시 나중에 일부 내용이 기억나지 않더라도 특정 주제에 대해 포스팅했던 기억은 남아 있을 테니 검색을 통해 찾아볼 수 있습니다. 블로그에 다양한 주제, 수많은 내용을 담다 보면 추후 손님의 질문에 답변하기 위해 내 블로그를 찾아보는 경우가 자주 생깁니다.

내가 직접 작성한 글도 정확히 기억나지 않는데 AI로 작성한 포스팅이라면 말할 것도 없겠죠. 지금부터 내가 공부한 내용, 경험한 사례 등을 블로그에 직접 작성하여 하나씩 쌓아 나가시길 바랍니다. 이렇게 하다 보면 애써 키운 블로그가 저품질이 될 가능성도 낮아지고 내 전문성도 향상될 수 있습니다.

저품질 블로그가 되지 않는 것보다 더 중요한 건 지금 당장 글쓰기를 시작하셔야 한다는 사실입니다.

글쓰기도 습관이기 때문에 쓰다 보면 늡니다. 점점 같은 분량의 포스팅을 작성하는 시간이 단축되는데 이 작업을 개업 전에 미리 해 두셔야 합니다. 개업 이후에는 모든 것이 서툴다 보니 블로그에 신경 쓸 시간이 없습니다. 더 정확히 말하면 글쓰기가 습관이 되어 있지 않은 사람이 개업 이후 블로그 포스팅을 시작한다는 건 거의 불가능에 가깝습니다.

따라서 시험 합격 이후 개업 이전까지의 기간이 블로그를 세팅하기에 가장 좋은 시기입니다. 이때가 부동산 관련 지식을 습득하면서 블로그에 옮길 수 있는 최적의 환경일 가능성이 높기 때문에 부지런히 포스팅하시는 게 좋습니다. 그리고 또 중요한 건 미리 블로그를 키워 놓아야 개업 이후 검색 결과 상위 노출이 가능합니다.

앞에서 말씀드린 것처럼 내 포스팅이 검색 결과 상위에 노출되려면 시간이 필요합니다. 네이버 봇에게 내가 부동산 분야 전문가라고 인식시켜야 하고, 그러기 위해서는 부동산 관련 주제로 꾸준히 포스팅을 하셔야 합니다.

그러다 보면 작은 키워드부터 하나씩 상위 노출이 될 수 있어요. 제가 마케팅 전문가도 아닐뿐더러 지면상 제한이 있기 때문에 검색 상위 노출 방법을 설명하는 건 무리가 있지만 한 가지 확실한 건 경쟁 강도가 낮은 세부 키워드부터 목표로 잡고 상위 노출을 시도한다면 비교적 짧은 시간이라도 승산이 있습니다.

'등기부등본'보다 '등기부등본 열람 방법'을 키워드로 잡고 포스팅을 하는 것이 세부 키워드부터 접근한 예라고 할 수 있습니다. 공인중개사로서 블로그를 운영하는 이유는 궁극적으로 매출을 올리기 위함입니다.

일기장이 아니기 때문에 결국 누군가는 내 글을 읽어야 하고, 중개 의뢰로 연결이 되어야 합니다. 그래서 개업 전에 가능한 범위 내에서 블로그 지수를 올려놓는 것이 좋습니다.

그리고 블로그 지수 올리는 방법, 검색 상위 노출 방법에 대해 더 자세히 알고 싶다면 관련 유튜브 영상을 보거나 블로그 마케팅 책을 읽는 것도 좋은 방법입니다.

저 또한 피트니스 트레이너 때부터 블로그 마케팅 강의를 듣고 관련 책을 읽으면서 블로그 공부를 했는데, 포스팅이 익숙하지 않았던 상황에서 정말 큰 도움이 되었습니다.

찾아보시면 좋은 강의와 책이 널려 있기 때문에 마음만 먹는다면 블로그 공부를 하는 건 전혀 어렵지 않다고 생각합니다.

2) 블로그 공유하기

아시는 것처럼 블로그 유입은 대부분 검색을 통해 이루어집니다. 하지만 내 블로그나 특정 포스팅 URL을 직접 공유하여 유입시키는 방법도 있는데 저는 이 방법을 고객들에게 자주 사용합니다.

블로그 자체보다는 단일 포스팅을 주로 공유하는데 중개 의뢰 내용에 따라 공유하는 글이 달라집니다. 의뢰 내용과 가장 관련성이 높은 포스팅을 공유함으로써 신뢰를 쌓는 방법인데 효과도 좋고 시간 대비 효율도 높습니다.

예를 들어 전세 매물을 찾는 손님에게 전세 사기 예방 방법 포스팅을 공유하고, 상가 매매 의뢰를 한 손님에게 부가세를 주제로 작성한 글을 공유하는 방법입니다. 빌라 전세 계약을 체결한 임차인에게 전세보증금반환보증(보증보험) 가입 절차 포스팅을 보내 줄 수도 있고 인터넷으로 전입신고하는 방법을 공유할 수도 있습니다. 저는 시험 직후부터 다양한 주제로 포스팅을 쌓았기 때문에 주거용과 상업용 모두 어떤 형태의 의뢰가 들어와도 대부분 그에 맞는 포스팅을 공유하고 있습니다. 의뢰해 주셔서 감사하다는 인사와 함께 관련된 블로그 글을 보냄으로써 신뢰를 얻을 수 있고 때에 따라서는 전속 매물로 전환이 되기도, 추가 의뢰나 지인 소개를 받기도 합니다.

3) 매물 광고 vs 정보성 콘텐츠

이처럼 중개업에 있어서 블로그는 다양한 도구로 활용될 수 있습니다. 지역 부동산 전문가로서 나를 알릴 수도 있고 고객들에게 보내는 콘텐츠의 저장소로도 활용할 수 있어요. 그리고 중개업에 필요한 지식을 정리해 두고 필요할 때마다 검색해서 찾아볼 수 있는 웹 공간으로도 이용할 수 있습니다.

그중에서 가장 중요한 건 부동산 전문가로서 나를 알리고 내가 운영하고 있는 중개사무소를 홍보하는 일인데, 이는 검색 이용자들에게 노출되지 않으면 불가능한 일입니다. 그래서 저품질 블로그가 되면 안 되는 것이고, 이 점을 특히 주의해서 블로그를 운영해야 하죠.

하지만 블로그를 매물 광고의 수단으로 활용한다면 저품질이 될 가능성이 높아집니다. 알고 계신 바와 같이 광고하던 매물이 거래가 완료되면 공인중개사법(제18조의2 중개대상물의 표시·광고)에 따라 노출 종료를 해야 합니다. 블로그에 광고 중인 매물이라면 삭제 또는 비공개 처리를 하여야 하죠.

  하지만 네이버는 포스팅을 반복적으로 삭제 또는 비공개 처리하는 것을 좋아하지 않습니다. 포스팅 삭제나 비공개 처리를 반복해서 하는 행위는 네이버 봇이 비정상적인 활동이라고 판단하여 검색 누락을 시킬 수 있어요.

  그래서 저는 블로그에 매물 광고를 일절 하지 않고 있습니다. 부동산 관련 정보성 콘텐츠, 중개 사례, 그리고 고객 응대 경험 위주로 포스팅을 하고 있으며 이를 기반으로 블로그를 키우고 있습니다.

  하지만 이는 어디까지나 저의 방법일 뿐이고 각자의 블로그 운영 목적에 따라 매물 광고 위주의 포스팅을 할 수도, 다른 색깔의 콘텐츠를 담아낼 수도 있겠지요.

  블로그를 통한 중개사무소 매출 향상이라는 본래의 목적만 잊지 않는다면 어떤 방법으로 운영하더라도 도움이 될 수 있을 거라고 확신합니다. 앞서 말씀드렸듯 글을 쓰시는 게 중요하니 빠른 시일 내에 첫 포스팅을 작성해 보세요.

손품

"네이버 부동산과 친해지기"

손품*은 보통 부동산 임장 전 사전 작업 단계로 많이 언급됩니다. 주거용과 비주거용, 그리고 매매와 임대차 모두 손품의 중요성은 아무리 강조해도 지나치지 않죠. 그래서 중개사무소를 운영하다 보면 대부분 이미 손품을 팔아 본 고객을 만나게 됩니다.

이때 주변 시세 파악이 되어 있지 않으면 응대하기가 어렵습니다. 고객은 이미 손품을 통해 시세 파악을 하고 있는데 나는 그렇지 않다면 성공적인 상담으로 이어질 가능성이 현저히 낮아지겠죠. 따라서 내 중개사무소 주변 매물과 시세에 대해서는 늘 관심을 기울여야 합니다.

매물과 시세를 파악하기 위한 방법 중 가장 대표적인 것이 네이버

- 손품: 사전적 의미는 '손을 놀리면서 일을 하는 품'이다. 임장을 하기 전 부동산 광고 플랫폼 등에서 매물을 검색하는 일련의 과정을 일컫는다.

부동산 활용입니다. 현재 가장 강력한 부동산 매물 광고 플랫폼이 네이버 부동산이기 때문이죠. 네이버 부동산과 친해진다면 내 주변 매물 파악도 쉬워지고 시세 변동에도 민감하게 반응할 수 있습니다.

공인중개사 시험 합격 이후부터 개업 전까지 네이버 부동산과 친해질 수 있는 계기가 자연스럽게 만들어지는데, 바로 내가 오픈할 중개사무소 자리를 알아볼 때입니다.

매물 종류 선택을 '상가'와 '사무실'로만 하여 밥 먹듯이 중개사무소 오픈 자리를 찾게 되실 텐데 저 또한 마찬가지였습니다. 그러다 보니 자연스럽게 해당 지역 상가 매물이 파악되고 월세 시세를 알게 되었습니다.

목적 없이 네이버 부동산을 보다 보면 재미도 없고 적극적이지도 않을 텐데 내가 오픈할 사무실 자리를 알아보는 과정이다 보니 여러 매물을 보다 구체적으로 보게 되었습니다. 당연히 네이버 부동산과 친해질 수밖에 없겠지요.

매물 종류에 따라 (네이버 부동산에서) 검색하는 방식이 조금씩 다르지만 '상가'와 '사무실'에 이어 '아파트', '빌라' 등 다른 중개대상물을 검색하는 것도 금방 적응되실 겁니다. 어쨌든 같은 플랫폼을 사용하는 거니까요.

1) 지역 중개사무소 파악하기

"지피지기면 백전백승"

개업 입지를 아직 못 정했다면 손품을 포함한 다양한 방법으로 지역 선택에 대한 힌트를 얻을 수 있습니다. 고민 중인 지역마다 (네이버에) 부동산 또는 공인중개사로 검색하여 플레이스에 노출되고 있는 중개사무소 현황, 블로그 경쟁 강도, 기타 홍보 수단 등을 파악할 수 있습니다.

나아가 유튜브 검색을 통해 유튜브 채널을 운영하고 있는 중개사무소가 얼마나 되는지도 알아볼 수 있겠죠. 네이버 부동산을 찾아보면서 해당 지역에서 주로 이용하고 있는 CP사*가 어디인지도 파악할 수 있습니다.

이러한 정보만으로 중개사무소 개업 지역을 선택하는 건 무리가 있지만 나의 온라인 마케팅 실력, 활용 여부에 따라 해당 지역에 오픈하였을 경우 얼마나 경쟁력이 있을지 가늠해 볼 수 있는 중요한 단서가 됩니다.

단, 특정 지역에 블로그나 유튜브를 운영하고 있는 중개사무소가 전혀 보이지 않는 경우 회원제 내에서 블로그나 유튜브 운영을 금지하고 있는 지역일 수 있으므로 주의하셔야 합니다. 온라인 마케팅에 자신 있는 분이시라면 이러한 지역은 피해서 오픈하시는 걸 추천합니다.

* CP사 : 네이버와 제휴된 부동산 정보업체. 개업공인중개사는 CP사를 통해서만 매물 정보를 네이버 부동산에 등록할 수 있다.

만일 개업할 지역을 이미 정하셨다면 오픈 전에 꼭 하셔야 할 일이 있습니다. 바로 인근 중개사무소 정보를 정리해 두는 일이지요.

시험 범위(공인중개사법)에 있는 내용이라 아시겠지만 중개사무소는 등록관청에 등록을 해야 개업할 수 있고 국토교통부장관, 시·도지사 및 등록관청의 감독을 받습니다. 이에 따라 중개사무소 상호명을 포함하여 대표자, 등록번호, 전화번호, 등록일자, 소재지 등이 고시되어 일반 국민 누구나 볼 수 있습니다.

(사진 1)

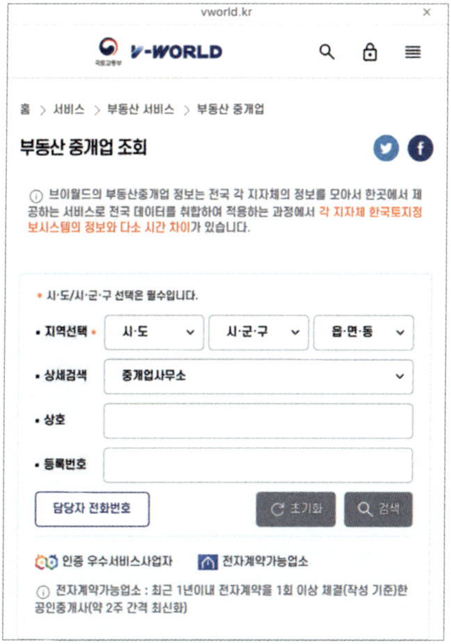

국토교통부 V-WORLD: https://www.vworld.kr/

합격부터 창업까지

브이월드 부동산 중개업으로 들어가서서 지역만 선택한 후 검색하시면 해당 지역에 등록되어 있는 중개사무소를 전부 볼 수 있습니다. 소속공인중개사 또는 중개보조원이 있는 경우 고용 현황까지 알 수 있지요.

이 리스트를 참고하셔서 내가 오픈하려고 하는 지역에 있는 중개사무소를 정리해 두신다면 개업 이후 중요한 참고 자료가 될 수 있습니다.

개업 초기에는 단독 중개보다 주로 공동 중개 형태로 계약이 진행되는데 이때 상대 중개사무소의 성향과 공동 중개 방식을 잘 기록해 둔다면 자연스럽게 자주 거래하게 될 중개사무소 목록이 만들어집니다. 이 정보를 추후에 나의 직원과 공유한다면 효율적인 공동 중개도 가능하고 실수도 줄일 수 있겠지요.

저는 이 작업을 통해 손님인 척 전화한 중개사무소도 단번에 알 수 있었고 (공동 중개 시) 시간 약속을 자주 어기는 중개사무소를 기록해 두고 거래할 때마다 참고하고 있습니다. 반면에 매너를 잘 지키고 배울 점이 많은 중개사무소는 따로 기록해 놓고 자주 소통하고 있어요.

이렇게 주변에 실력 있는 선배 공인중개사분들과 소통하다 보면 많은 노하우를 배울 수 있습니다.

발품

"중개업 실력 키우기"

임장을 통해 직접 매물을 보고 파악하는 행위를 발품이라고 합니다. 부동산 투자에 있어서 가장 중요한 단계로 언급되기도 하는데 이는 실거주 목적으로 주거용 건물을 찾을 때도, 영업을 하기 위한 상가 건물을 찾을 때도 마찬가지이며 공인중개사가 개업 입지를 선택할 때도 해당됩니다.

하지만 저는 개업 입지를 찾는 목적이 아닌 다른 의미로의 발품을 먼저 팔았는데 바로 지역 중개사무소 방문이었습니다. 앞서 설명한 손품을 통해 알게 된 중개사무소를 방문하여 인사도 하고 궁금한 것들을 물어봤습니다.

업무에 방해가 되면 안 되기 때문에 손님이 있는 곳은 당연히 피했고, 처음부터 솔직하게 방문 목적을 밝히고 시간이 되는지 물어본 후 상담 요청을 드렸습니다.

1) 중개사무소 방문

방문할 때마다 마음을 먹어야 할 정도로 쉬운 일은 아니었지만 음료수 박스 하나씩 들고 최대한 정중하게 방문하여 작년 공인중개사 시험 합격생인데 이 지역에 오픈을 계획 중이라 조언을 구하고 싶어서 찾아왔다고 솔직하게 말씀드렸습니다.

중개 의뢰를 하기 위해 찾아온 손님이 아니기 때문에 상담을 거절해도 할 말이 없는 상황이었지만 감사하게도 많은 대표님들이 흔쾌히 여러 가지 조언을 해 주셨습니다. 제가 주로 물어본 내용들은 다음과 같습니다.

① 회원제 여부
② 지역에서 주로 사용하는 부동산거래정보망
③ 지역 분위기

지역도 정했고 오픈도 이미 마음먹었기 때문에 개업을 할지 말지에 대한 질문 등은 하지 않았습니다. 바쁜 시간을 내어 준 대표님들께 이미 답이 정해져 있는 질문을 할 수는 없었으니까요. 또한 해당 중개사무소의 거래 빈도나 매출 등 실례가 될 수 있는 질문은 일절 하지 않았습니다. 이는 절대적으로 주의해야 하며 상식선에서 할 수 있는 질문과 그렇지 않은 질문을 구분해서 방문하셔야 합니다.

위 세 가지는 어디까지나 제가 질문했던 내용일 뿐이니 각자의 질문 리스트를 만들어서 방문하시는 걸 추천해요.

저는 회원제 여부를 가장 먼저 물어봤는데 회원제가 있다는 사실과 함께 주로 친목 위주의 활동을 하고 있다는 사실을 알게 되었어요.

그리고 지역에서 주로 사용하는 부동산거래정보망을 물어보고 답변을 기록해 두었습니다. 중개사무소마다 언급되는 거래정보망이 달랐기 때문에 가장 많이 사용하는 거래정보망을 사용하기 위해 빠짐없이 메모했죠.

그리고 지역 분위기에 대해 상세히 말씀해 주시는 선배 공인중개사분들 덕분에 개업 이후 주의해야 할 점과 최소한으로 지켜야 할 상도덕 등을 알 수 있었어요. 중개사무소는 서로 경쟁 관계이면서 동시에 협업 관계이기도 하다 보니 좋은 이미지를 유지하는 것이 중요합니다. 안 좋은 소문이 나게 된다면 추후 공동 중개가 매우 어려워질 것이 뻔하기 때문이죠.

물론 인근 중개사무소를 방문하여 들은 모든 말을 의심 없이 믿는 것은 무리가 있겠지만, 여러 곳에서 공통적으로 강조하는 내용과 언급하는 사례는 충분히 귀 기울여 들을 필요가 있습니다. 이때 들었던 조언들이 지금 중개업을 하면서 큰 도움이 되고 있기 때문에, 모르는 중개사무소를 방문하는 것이 다소 어렵더라도 어 과정은 꼭 경험해 보시기를 권해 드립니다.

그리고 저처럼 여러 곳을 방문하실 계획이라면 처음부터 잘 메모하시는 게 좋습니다. 기억에만 의존하기에는 방대한 정보를 들으실 것이 분명하기 때문에 잘 메모해서 추후 창업 준비 과정부터 개업 이후까지 적극 참고하시길 바랍니다.

저는 일주일에 두 곳을 방문한다는 계획을 세우고 부지런히 움직였습니다. 지하철 출구를 기준으로 경로를 바꿔 가면서 움직였는데, 지나가는 길목도 시간대도 늘 달랐습니다.
지리에 익숙해지기 위한 목적도 있었고, 상가 중개를 주력으로 할 계획이었기 때문에 상권을 파악하기 위한 목적도 있었습니다. 이렇게 가는 경로와 시간을 달리하여 방문하다 보면 인근 중개사무소 현황을 파악하면서 동시에 내가 앞으로 중개할 지역의 지리에도 익숙해질 수 있습니다.

그리고 가장 중요한 건 선배 공인중개사와의 만남을 통해 개업 준비에 관한 많은 힌트를 얻을 수 있습니다. 저는 이때 만났던 선배 개업공인중개사분들과 지금도 활발한 공동 중개를 하고 있어요.

2) 소비

저희는 식당, 카페, 미용실, 세탁소, 편의점, 마트 등 정말 다양한 곳에서 소비를 합니다. 소비하는 상권도 다양하죠. 집 근처가 될 수도 있고 직장 근처가 될 수도 있습니다. 하지만 개업 입지를 정하셨다면 그때부터는 해당 상권에서 주로 소비하실 것을 권장합니다.

특히 상가를 주 중개대상물로 계획하신 분들이라면 더욱더 내가 오픈할 지역에서 소비하셔야 합니다. 개업 이후 보다 쉽게 매물을 확보하기 위한 방법이기도 하고 나를 알리기 위한 목적도 있습니다. 추후 매물을 확보하기 위해 돌아다니다 보면 내가 한 번이라도 소비를 한 곳과 그렇지 않은 곳은 명함을 줄 때부터 난이도가 다릅니다. 그리고 내가 오픈할 중개사무소 자리 근처에 있는 점포라면 나중에 개업 인사 가는 것도 쉽습니다.

개업 이후 매물 확보를 가장 자연스럽게 할 수 있는 방법 중 한 가지가 해당 점포에서 소비하고 결제를 하면서 명함을 건네는 방법입니다.

식당에서 밥 먹고 나올 때 결제를 하면서 인근에 부동산 오픈했다고 인사를 건네는 거죠. 물론 사장님인 것을 확인하고 명함을 줘야 합니다. 저는 늘 이렇게 소비를 하고 명함 작업을 합니다. 직접 주는 것이 가장 효과적이니까요.

이렇게 내 중개사무소 근처에서 소비하는 습관은 직접 매물을 확보하는 효과 외에도 장점이 있습니다. 바로 소개입니다. 내가 방문했던 점포도 사람을 상대로 장사하는 곳이고, 분명 단골손님이 있습니다.
그중에서 부동산 거래가 필요한 손님이 있다면 자연스럽게 저를 소개해 줍니다. 특히 손님이 머무는 시간이 길고 업주와 손님 사이에 많은 대화가 오가는 업종일수록 효과가 좋은데 미용실, 네일 숍이 대표적입니다.

사실 이 방법은 피트니스 트레이너일 때부터 효과를 봤는데, 업종을 불문하고 소개로 온 고객에게 신뢰를 주고 친절하게 대한다면 또 다른 소개로 이어질 수 있습니다. 물론 소개를 해 준 사람에게 감사 인사 하는 것도 잊지 말아야겠죠.
경험상 이렇게 소개로 유입된 손님은 여러 중개사무소에 매물을 내놓는 경우가 드물기 때문에 운이 좋다면 전속 의뢰를 받을 수도 있습니다.

이처럼 주 소비를 나의 중개대상 지역 내에서 한다면 파생되는 효과가 상당합니다. 따라서 같은 돈을 쓰시더라도 내 중개업에 도움이 되는 방향으로 사용해 보세요. 입지가 정해졌다면 개업 이후로 미룰 이유가 전혀 없습니다.

3) 중개사무소 입지 선택

시험 합격 이후 개업공인중개사가 되기 위해 거쳐야 할 가장 어려운 관문인 입지 선택에 대해 알아보겠습니다. 개인적으로는 자격증 시험 준비만큼이나 어려웠던 과정이었는데, 개업 입지를 선택하는 과정에 있어서도 발품은 매우 중요한 요소였습니다.

① 지역 선정
② 주 중개대상물 선택
③ 입지 결정

크게 이 세 단계를 거쳐 개업 입지가 결정됩니다. 상황에 따라 주 중개대상물을 선택하고 지역을 고르기도 하지요. 순서가 어찌 되었든 결국 발품을 팔아야 입지를 결정할 수 있는데, 시간이 오래 걸리더라도 평일과 주말, 그리고 시간대별로 현장을 확인해 보셔야 합니다.

주말에는 유동이 활발한데 평일에는 조용한 동네일 수 있고, 퇴근 시간대 유동 인구가 다른 길로 빠지는 위치일 수도 있습니다. 지역과 주 중개대상물에 따라 다르겠지만, 경험상 평일 퇴근 시간에 매물 접수도 많이 되고 매수 의뢰나 임차 의뢰를 하는 손님도 많이 유입되기 때문에 이 시간대 유동 인구는 직접 확인해 보실 필요가 있습니다.

이뿐만 아니라 직접 가 보고 눈으로 봐야 정확히 알 수 있는 것들이 있는데, 접근성과 가시성이 대표적입니다.

지도로 봤을 때는 지하철역에서 멀지 않았는데 막상 가 보니 횡단보도 위치나 경사 등 특정 요인에 의해서 접근성이 매우 떨어지는 위치일 수도 있고 주변 건물 때문에 눈에 잘 띄지 않는 위치일 수도 있습니다.

손품을 통해 개업할 자리를 얼추 추렸다면 최종적으로는 반드시 임장을 통해 결정하셔야 합니다. 이는 중개사무소뿐만 아니라 어떤 업종이라도 해당되는 내용이기 때문에 내 개업 입지를 결정하는 과정은 추후 상가 중개를 할 때도 큰 도움이 됩니다.

간판 노출에 유리한 넓은 전면, 접근성, 활발한 유동 인구 등은 손님을 확보해야 하는 업종이라면 공통적으로 중요시하는 요소이기 때문에 내 사무실을 찾는 과정에서 적극적으로 검토해 보았다면 이 경험이 개업 이후 상가 중개 브리핑에 힘을 실어 줄 수 있습니다.

앞에서 언급한 요소들과 임대료 사이 균형점을 찾을 때도 내가 경험해 봤기 때문에 보다 설득력 있는 상담이 가능하고요. 특히 부동산을 거래할 수 있는 기회가 적었던 20~30대 공인중개사라면 이 과정을 통해 임장 경험을 쌓으실 수 있습니다.

중개사무소 자리를 찾는 과정이 다소 힘들더라도 내 중개 실력을 키울 수 있는 기회라고 생각하시고 접근하시면 보다 유익한 시간이 될 수 있습니다.

그리고 인근 중개사무소 현황을 파악하기 위해 부지런히 발품을 팔았다면 이 시간을 대폭 줄일 수 있습니다. 목적은 다르지만 움직이는 지역이 겹치기 때문에 분명 도움이 되죠.

사무실 자리를 찾으실 때 또 눈여겨봐야 할 것이 있는데, 바로 대표자 이름입니다. 개업공인중개사는 공인중개사법에 따라 옥외 광고물에 성명을 표기해야 할 의무가 있습니다. 따라서 대표자가 바뀌면 간판에 있는 이름도 바꿔야 하죠.

저처럼 기존 중개사무소 자리가 아닌 곳에 창업하신다면 해당 사항이 없지만, 권리금을 주고 기존 중개사무소를 인수 창업할 계획이라면 간판에 표기된 대표자 이름이 자주 바뀌는 곳은 아닌지 꼭 체크하셔야 합니다.

이는 네이버 거리 뷰를 통해 촬영된 시점을 바꿔 가면서 확인할 수 있습니다. 상호명과 대표자가 함께 바뀐 곳도 확인이 가능하고 이전에 다른 업종이었을 경우 어떤 가게였는지도 파악할 수 있습니다. 공실이었다면 공실 기간도 체크해 볼 수 있겠죠.

  이 방법도 상가 중개 시 유용하게 활용될 수 있으니 개업 입지를 찾는 과정에서 연습해 보시는 게 좋습니다. 이렇게 손품과 발품을 병행하면서 입지를 고르다 보면 중개업 실력이 자연스럽게 향상될 수 있습니다.

계약서와 중개대상물 확인설명서

① 개업 vs 취업
② 계약서 및 중개대상물 확인설명서 작성

위 두 가지가 대부분의 공인중개사분이 자격증 취득 이후 가장 많은 고민을 하고 걱정을 하는 부분일 것입니다. 특히 계약서와 확인설명서 작성은 개업공인중개사가 날인을 하고 책임을 지는 영역이기 때문에 개업 이후에도 꾸준히 공부해야 하고 늘 신중해야 합니다.

이렇기에 이제 막 합격한 공인중개사 입장에서는 걱정을 넘어 두려움까지 생길 수 있습니다. 또한 바로 개업하지 않고 취업을 선택하는 분들 중 상당수는 계약서와 확인설명서 작성에 대한 두려움 때문에 이를 배우기 위함이 목적이기도 합니다.

하지만 한 가지 확실한 건 모든 중개대상물과 거래 형태에 대한 계약서 작성을 완벽히 마스터하고 개업하는 건 사실상 불가능하다는 사실입니다.

계약 자유의 원칙에 따라 다양한 계약이 존재할 수 있고 중개대상물 확인설명서처럼 법정 서식이 있는 것도 아니기 때문에 미리 모든 계약 형태에 따른 계약서 작성 방법을 숙지한다는 건 현실적으로 어렵습니다.

따라서 기본적인 원칙과 틀만 공부한 상태에서 그때그때 상황에 맞춰서 작성할 수 있는 준비를 해 놓는 것이 중개업 시작을 위한 효율적인 준비 방법이라고 할 수 있습니다.

다행히도 잘 찾아보시면 시중에 계약서 작성 방법을 공부할 수 있는 책들이 많습니다.

일반적으로 계약서 작성 방법을 주제로 한 책들은 매우 두껍기 때문에 개업하기 전에 책의 내용을 모두 숙지할 목적으로 읽기보다는 처음부터 끝까지 빠르게 읽음으로써 본문의 구성이 어떻게 되어 있고 추후 계약서를 작성할 때 어느 부분을 참고하면 되는지 파악할 목적으로 접근하시는 게 좋습니다.

대부분 목차가 잘 정리되어 있지만 내가 찾아보기 쉽게 인덱스 테이프로 표시해 두는 것도 좋은 방법이에요. 딱 여기까지만 준비해 놓더라도 계약의 형태와 중개대상물 종류별로 기본적인 특약은 넣을 수 있습니다.

일반적으로 가계약이 먼저 진행된 후 별도의 날짜를 정해서 본계약을 하기 때문에 미리 계약서를 작성할 수 있는 시간이 있습니다. 이때

계약의 종류에 따라 관련 서적에서 해당되는 페이지를 찾고, 내용을 참고하여 작성해 두면 되는 것이지요.

그래도 계약서 작성하는 것이 두렵다면 개업 전에 미리 연습해 볼 수 있는 방법이 있습니다. 바로 내가 지금 살고 있는 집을 예시로 계약서를 작성해 보는 것입니다.

매매, 전세, 그리고 월세 이렇게 세 가지 경우의 수를 내가 가상의 매수인 또는 임차인이 되어 모두 작성해 보는 것이죠. 이때는 수기로 작성해 보시는 걸 권장하는데, 개업 전에는 한방부동산 거래정보망 등 계약서 작성을 할 수 있는 프로그램 사용이 어렵기 때문이기도 하지만 손으로 써 봐야 계약서에 들어가는 문구를 보다 쉽게 이해할 수 있기 때문입니다.

계약서 양식은 지자체 포털 등 다양한 경로에서 다운로드가 가능합니다. 제 중개사무소 소재지인 경기도에서는 '경기부동산포털' 사이트에 부동산 계약서 양식을 제공하고 있어요.

부동산 계약서는 중개대상물 확인설명서와 달리 법정 서식이 아니기 때문에 양식마다 다소 차이는 있을 수 있으나 기재 사항과 부동문자는 대부분 비슷하기 때문에 계약서 작성 연습을 하기에 무리가 없습니다(단, 임대사업자는 민간임대주택법 시행규칙에 따라 법정 서식인

(사진 2)

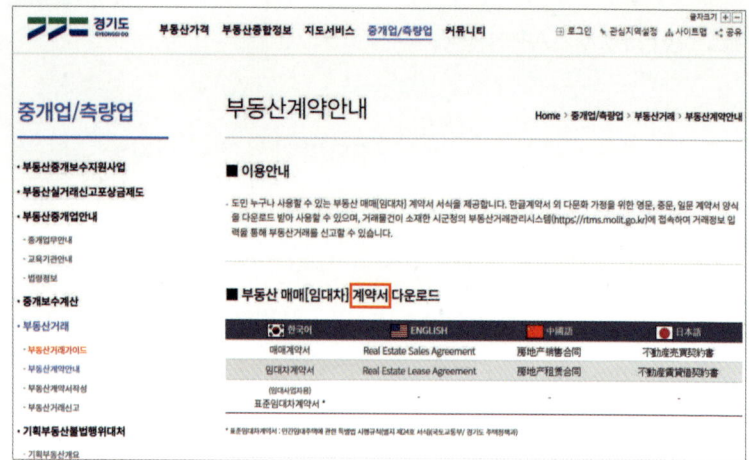

경기부동산포털: https://gris.gg.go.kr/

표준임대차계약서를 사용해야 하니 주의가 필요합니다).

 그리고 계약서 작성을 연습하실 때는 부동문자도 꼼꼼히 읽어 보시는 걸 추천해요. 부동문자에 어떤 내용들이 포함되는지 알아야 겹치거나 상충되는 내용으로 특약을 작성하는 실수를 하지 않을 수 있겠지요. 이 또한 직접 작성해 본다면 더욱 익숙해질 수 있습니다.

 이렇게 계약서 작성 연습을 해 보셨다면 확인설명서 작성은 비교적 쉽게 연습해 보실 수 있습니다. 시험공부할 때 지겹도록 보서서 잘 아시는 것처럼 중개대상물 확인설명서는 법정 서식입니다.

(사진 3)

부동산(아파트) 매매 계약서

매도인과 매수인 쌍방은 아래 표시 부동산에 관하여 다음 계약 내용과 같이 매매계약을 체결한다.

1. 부동산의 표시

소 재 지							
토 지	지 목		면 적	㎡	대지권종류		대지권비율
건 물	구 조		용 도		면 적	㎡	

2. 계약내용

제1조 [목적] 위 부동산의 매매에 대하여 매도인과 매수인은 합의에 의하여 매매대금을 아래와 같이 지급하기로 한다.

매매대금	금 원 (₩)
계 약 금	금 원 은 계약시에 지급하고 영수함. ※영수자 (인)
중 도 금	금 은 년 월 일에 지급한다.
잔 금	금 은 년 월 일에 지급한다.

제2조 [소유권 이전 등] 매도인은 매매대금의 잔금 수령과 동시에 매수인에게 소유권 이전등기에 필요한 모든 서류를 교부하고 등기절차에 협력 하여야 하며, 위 부동산의 인도일은 년 월 일 로 한다.

제3조 [제한물권 등의 소멸] 매도인은 위 부동산에 설정된 저당권, 지상권, 임차권 등 소유권의 행사를 제한하는 사유가 있거나 제세공과금 기타 부담금의 미납 등이 있을 때에는 잔금 수수일까지 그 권리의 하자 및 부담 등을 제거하여 완전한 소유권을 매수인에게 이전한다. 다만, 승계하기로 합의하는 권리 및 금액은 그러하지 아니하다.

제4조 [지방세 등] 위 부동산에 관하여 발생한 수익의 귀속과 제세공과금 등의 부담은 위 부동산의 인도일을 기준으로 하되, 지방세의 납부의무 및 납부책임은 지방세법의 규정에 의한다.

제5조 [계약의 해제] 매수인이 매도인에게 중도금(중도금이 없을때에는 잔금)을 지급하기전 까지 매도인은 계약금의 배액을 상환하고, 매수인은 계약금을 포기하고 본 계약을 해제할 수있다.

제6조 [채무불이행과 손해배상의 예정] 매도인 또는 매수인은 본 계약상의 내용에 대하여 불이행이 있을 경우, 그 상대방은 불이행 한 자에 대하여 서면으로 최고하고 계약을 해제할 수 있다. 그리고 계약 당사자는 계약해제에 따른 손해배상을 각각 상대방에게 청구할 수 있으며, 손해배상에 대하여 별도의 약정이 없는 한 계약금을 손해배상의 기준으로 본다.

제7조 [중개보수] 개업공인중개사는 매도인 또는 매수인의 본 계약 불이행에 대하여 책임을 지지 않는다. 또한 중개보수는 본 계약 체결에 따라 계약 당사자 쌍방이 각각 지급하며, 개업공인중개사의 고의나 과실없이 본 계약이 무효, 취소 또는 해제 되어도 중개보수는 지급한다. 공동중개인 경우에 매도인과 매수인은 자신이 중개 의뢰한 개업공인중개사에게 각각 중개보수를 지급한다.

제8조 [중개보수 외] 매도인 또는 매수인이 본 계약 이외의 업무를 의뢰한 경우, 이에 관한 보수는 중개보수와는 별도로 지급하며 그 금액은 합의에 의한다.

제9조 [중개대상물확인설명서교부 등] 개업공인중개사는 중개대상물확인설명서를 작성하고 업무보증관계증서 (공제증서 등) 사본을 첨부하여 거래당사자 쌍방에게 교부한다. (교부일자 : 년 월 일)

[특약사항]

본 계약을 증명하기 위하여 계약 당사자가 이의 없음을 확인하고 각각 서명 또는 기명 날인한다. 년 월 일

매도인	주 소						(인)
	주민등록번호		전화		성명		
매수인	주 소						(인)
	주민등록번호		전화		성명		
개업공인중개사	사무소 소재지						
	사 무 소 명 칭			대 표 자 명	서명및날인		(인)
	전 화 번 호		등록 번호	소속공인중개사	서명및날인		(인)

한국공인중개사협회 한방

출처: 한국공인중개사협회

중개대상물에 따라 네 가지 서식으로 분류되어 있고 친절하게도 작성 방법까지 기재되어 있습니다. 시험공부할 때처럼 암기 코드를 활용해 가며 작성할 필요 없이, 이 작성 방법을 보면서 빈칸을 채우기만 하면 되기 때문에 계약서 작성보다는 난도가 비교적 낮은 편입니다.

다만, 법에서 정한 요건이 있는 만큼 잘못 작성했을 경우 과태료 부과 등의 리스크가 있을 수 있습니다. 따라서 계약서 작성만큼이나 많은 연습이 필요합니다. 마찬가지로 내가 살고 있는 집을 샘플로 하여 작성해 볼 수 있는데, 제가 추천하는 방법은 건축물대장 등 관련 공부를 참고하여 먼저 작성해 보시고 공부를 열람하여 작성할 수 없는 영역은 집 내부를 확인하면서 채워 보시는 것입니다.

작성하시다 보면 기본 확인 사항은 공부 열람을 통해, 세부 확인 사항은 현장 확인을 통해 작성할 수 있다는 사실을 알게 됩니다. 그리고 이 연습 과정을 통해 기본 확인 사항에 있는 각각의 내용을 어떤 공부를 확인하여 작성할 수 있는지 알게 됩니다.

저도 확인설명서 작성 연습을 하면서 '일반건축물대장'과 '집합건축물대장'을 보다 명확히 구분할 수 있게 되었습니다. 이론을 공부하는 것과 직접 열람하여 서식을 채워 보는 것은 분명한 차이가 있기 때문에 반드시 직접 작성해 보시는 걸 추천합니다.

저는 개업 초기에도 확인설명서 작성에 익숙해지기 위해 공실인 매물을 접수받으면 확인설명서 빈 양식을 들고 현장에 갔습니다. 그리고 광고 및 브리핑을 위해 사진 촬영을 마친 후 확인설명서 빈칸을 하나씩 채웠습니다.

현장에 가야 보다 정확한 확인이 가능한 것들이 있기 때문이죠. 특히 건축물 방향은 (주택의 경우) 거실이나 안방 등 주실의 방향을 기재하도록 되어 있기 때문에 PC나 모바일 검색만으로는 정확한 확인이 어렵습니다.

참고로 스마트폰 나침반 앱은 종종 오류가 발생하기 때문에 정확도 높은 나침반을 챙겨 가시는 게 좋습니다. 저는 개인적으로 군용 나침반을 구비해서 사용하고 있어요.

건축물 방향 외에도 단독 경보형 감지기(아파트 제외) 수량, 보일러 제조일(개별 공급인 경우) 등을 확인할 수 있겠죠. 그리고 승강기 유무와 주차장 현황은 건축물대장상 기재 내용과 다른 경우도 있어서 이를 파악할 수도 있습니다.

이렇게 현장에서 확인설명서를 작성하고 사무실에 돌아와 건축물대장 등 필요한 공부를 열람하여 나머지 양식을 채웠습니다. 초반에는 한두 가지 깜빡하여 현장에 다시 다녀오는 일이 종종 있었지만 공부한다 생각하고 몇 번 반복하다 보니 실수가 줄었습니다.

집합건축물의 경우 승강기 옆쪽이나 안쪽에 관리사무소 연락처가 기재되어 있는 경우가 많은데 미리 저장해 두시면 관리비 등 관리에 관한 사항을 기재할 때도 참고할 수 있습니다. 그리고 확인설명서 작성뿐 아니라 매물 광고를 할 때도 도움이 됩니다(100세대 이상 공동주택의 경우 K-apt 공동주택관리정보시스템을 참고하셔도 됩니다).

(사진 4)

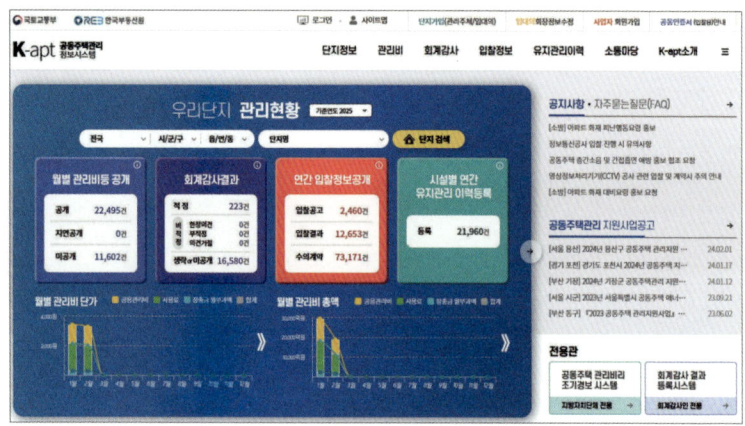

K-apt 공동주택관리정보시스템: https://www.k-apt.go.kr/

만약 해당 매물을 계약하게 되면 잔금 시 공과금 정산할 때도 보다 수월한 진행이 가능합니다. 그리고 매매 또는 임대차 계약으로 인해 거주자가 바뀌는 경우 관리사무소에 전출 및 전입 사실을 통보하는 것이 좋은데 이 경우에도 미리 저장해 둔 관리사무소 전화번호를 안내하면 됩니다. 참고로 K-apt 사이트에서 관리사무소 연락처 확인이 가능한 단지도 있습니다.

이렇게 개업 이전과 초기에도 마음만 먹으면 얼마든지 계약서 및 확인설명서 작성 연습을 할 수 있으므로 반복을 통해 익숙해지시면 됩니다. 물론 미리 준비하더라도 막상 계약이 성사되면 긴장도 되고 걱정도 되겠지만 하루 이틀 전에 미리 작성해 두고 당일 아침에 한 번 더 확인하는 방식으로 진행한다면 어렵지 않게 계약 진행을 하실 수 있습니다.

저는 개인적으로 지금도 수일 전 미리 작성해 두고 계약 하루 전이나 당일 재확인하는 원칙을 지키고 있어요. 처음 작성할 때는 몇 번을 봐도 안 보이던 오타나 공란이 재확인할 때는 보이는 경우가 있기 때문에 실수를 줄일 수 있습니다. 이 정도 절차만 지키셔도 실수 없는 계약서 및 확인설명서 작성이 가능해요. 당연히 개업 초기에는 시간이 오래 걸릴 수 있지만, 몇 번 반복하면 작성 시간도 많이 단축됩니다.

개업 이후

마인드셋

1) 공인중개사는 乙이 아닙니다.

'손님은 왕이다', '무조건 친절해야 한다'. 요즘은 이런 마인드로 자영업 하시는 분들이 많이 줄었다고 알고 있습니다. 저 또한 마찬가지입니다. 이런 생각을 가지고 일을 하다 보면 언젠가는 스트레스가 쌓여서 오래 못 하는 상황이 올 수도 있습니다.

저희는 전문성을 살려 중개 서비스를 제공하고 그에 상응하는 대가를 받습니다. 바로 중개보수죠. 집을 아무리 많이 보여 주더라도 거래가 성사되어야 중개보수를 받을 수 있습니다. 그것도 대부분 잔금 때요. 그럼에도 불구하고 제 살 깎아 먹기로 중개보수 할인 등을 광고 수단으로 이용하는 공인중개사분들도 있습니다.

저희는 결코 을의 입장이 아닌데 말이죠. 심지어 공인중개사 자격 시험에도 중개의뢰인은 甲으로, 공인중개사는 乙로 나옵니다. 물론 우리가 이런 관행을 당장 바꿀 수는 없습니다. 하지만 생각은 바꿀 수 있죠.

알고 계신 바와 같이 저희는 상담료나 착수금이 별도로 없습니다. 계약이 이루어져야 중개보수를 받을 수 있는 구조이고 이 건수를 높이기 위해 수많은 광고와 상담, 그리고 임장을 진행합니다. 계약 성사율을 높이기 위해 전문성도 키워야 하고 상담 스킬도 향상시켜야 하겠지만 거래 가능성이 있는 매물과 손님을 가려내는 것 또한 중요합니다.

물론 중개업을 10~20년 이상 하신 선배 공인중개사분들도 이를 가려내는 건 어렵다고 하지만, 그렇다고 모든 의뢰를 성심성의껏 진행할 수는 없는 노릇입니다. 핵심은 계약이 성사되기 전까지 진행하는 모든 과정이 '무료'라는 사실입니다. 따라서 늘 기회비용이 따르고 '시간=돈'이 됩니다.

그리고 아무리 거래 가능성이 높다 하더라도 소위 갑질을 일삼는 중개의뢰인과 일을 진행하는 것도 최대한 피하는 게 좋습니다. 우리에게 시간은 곧 돈이기 때문에, 늘 효율을 생각하여 일을 해야 합니다. 여기서 말하는 효율이란 투자 시간 대비 중개보수를 의미하고, 투자 시간 외 한 가지 더 고려한다면 정신적 스트레스입니다. 그래서 저는 공인중개사를 乙로 생각하며 매너 없이 행동하는 의뢰인과는 일을 진행하지 않습니다.

당장 돈을 버는 것도 중요하지만 일을 오래 지속할 수 있게 하는 것은 훨씬 더 중요하니까요.

이렇게 말씀드리면 가릴 것 다 가려가면서 언제 돈 버냐고 반문하실 수 있겠지만 매물과 손님이 많으면 이렇게 해도 돈 법니다.

정확히 말씀드리면 가릴 정도가 되어야 돈을 법니다. 개인적인 경험만으로 확신 있게 말씀드리기에는 경력이 짧지만, 중개업으로 많은 매출을 달성하고 있는 선배 공인중개사분들의 경험담을 들어 봐도 의견이 같습니다.

따라서 많은 매물과 손님을 확보할 수 있는 방법을 아는 것이 중요하고, 세일즈 스킬과 클로징 능력을 향상시키는 것은 그다음입니다. 많은 매물을 관리해 보고, 손님에게 브리핑도 여러 번 해 봐야 세일즈 능력도 향상될 수 있으니까요. 많은 매물과 손님을 확보하는 방법은 뒤에서 상세히 다루겠습니다.

2) 모든 걸 알아야 개업할 수 있는 것이 아닙니다.

반드시 알아야 하는 것이 있고 그렇지 않은 것이 있습니다. 이걸 구분할 줄 아는 것이 중요합니다. 중개사무소 등록증과 자격증 등의 게시 의무, 성명 표기 의무, 중개대상물 표시·광고 등과 같이 반드시 알고 있어야 하는 것이 있고 용도 변경 절차, 부동산 대출 관련 지식처럼 중개업을 영위하면서 공부할 수 있는 내용이 있습니다.

'전세보증금반환보증 가입 요건, 사업 포괄양수도와 부가세, 하수도 원인자부담금 등'

위 내용들은 제가 개업 이후 중개업을 하면서 알게 된 사항입니다. 전세보증금반환보증 가입 조건의 전세 계약을 체결할 경우 가입 요건을 알고 있어야 하고 상가 매매 계약을 체결할 경우 포괄양수도 및 부가세에 대해 알고 있어야 하는 건 맞습니다. 타업종에서 음식점으로 변경되는 상가 임대차 계약을 체결하는 경우라면 하수도 원인자부담금도 알고 있어야겠죠. 하지만 이 모든 내용을 완벽히 숙지하고 있어야 중개사무소를 오픈할 수 있는 것은 아닙니다.

주택도시보증공사(HUG)나 서울보증보험(SGI) 등 보증 기관 홈페이지를 참고하거나 콜센터에 문의하시면 보증 상품 가입 요건을 확인할 수 있고, 포괄양수도나 부가세 관련 내용은 국세상담센터에 문의하시거나 관련 서적을 참고하여 확인하실 수 있습니다. 그리고 하수도 원인자부담금은 관련 지자체에 문의하여 자세한 상담을 받으실 수 있습니다.

모든 내용을 남에게 의존하며 중개를 해야 한다는 건 결코 아니지만, 중개에 필요한 모든 지식을 완벽하게 암기하고 일을 진행하는 것은 현실적으로 어려울 뿐만 아니라 효율적이지도 않습니다. 상황에 따라 변호사도 법전을 찾아보고 의사도 의학 서적을 찾아 가며 일을 합니다.

중요한 건 어디에서 찾아봐야 하고 누구에게 물어봐야 하는지 명확하게 아는 것입니다. 이것만 알고 있다면 지레 겁먹으실 필요가 없습니다. 이와 관련된 내용은 책 후반부에 다시 다루겠습니다.

꾸준한 공부를 통해 중개 관련 지식을 함양하는 것은 꼭 필요한 일이지만, 모든 가능성을 열어 두고 완벽한 준비를 갖춘 후 개업한다는 것은 사실상 불가능에 가깝습니다. 모든 것을 갖춰야 개업할 수 있다는 강박 관념을 떨쳐 내지 못한다면 시험 합격 이후 내내 준비만 하다가 중개업은 시작도 못 하는 상황이 펼쳐질 수도 있습니다.
100점을 맞아야 받을 수 있는 자격증이 아닌 것처럼 오픈 준비도 100% 완벽할 필요는 없습니다.

3) 공인중개사는 부동산 거래 전문가입니다.

우리는 매도 또는 임대가 필요한 사람에게 매수인 또는 임차인을 찾아 주고, 집이나 상가가 필요한 사람에게 원하는 매물을 찾아 주는 역할을 합니다.

 물론 공인중개사를 통하지 않는 직거래가 늘어나고 있는 상황이지만 허위 매물로 인한 시간·비용 낭비, 근저당권 설정 등 권리관계 파악 어려움, 계약상 과실 안전장치 부재, 사기 위험 노출 등 명확한 단점이 있기 때문에 주의해야 한다는 내용의 보도가 꾸준히 이어지고 있는 상황입니다.

 따라서 안전한 부동산 거래, 원활한 매물 물색, 조건 조율 등의 니즈가 있는 사람들은 우리 공인중개사에게 의뢰하여 부동산 거래를 하죠. 우리는 이러한 니즈를 충족시키기 위해 전문성을 살려 최선의 노력을 다하고 있습니다. 그 대가로 중개보수를 받죠.

 공인중개사법에서 규정한 표시·광고를 준수하여 매물에 대한 상세한 정보를 제공하고 근저당권 설정이나 신탁과 같은 권리관계를 파악하여 안전한 거래가 이루어질 수 있도록 도움을 줍니다. 또한 공제 가입 등의 방법으로 손해 배상 책임까지 보장하고 있지요.
 계약 사례에 따라 난이도의 차이는 있지만 거래 과정에 있어서 공인중개사의 역할은 분명 중요합니다. 하지만 중개업을 하다 보면 이를 존중하지 않는 중개의뢰인을 만날 때가 종종 있습니다. 노쇼(No-show), 말 바꿈, 중개보수 후려치기 등 다양한 형태가 있는데 우리가 역할을 다했음에도 불구하고 이와 같은 행동을 한다면 굳이 우리의 서비스를 제공할 이유가 없습니다. 우리를 존중하는 의뢰인에게 집중하는 것만으로도 바쁘니까요.

물론 늘 기분 좋게 일할 수만은 없습니다. 사람을 상대하는 일이다 보니 스트레스 받을 때도 있고 중개업을 하는 것에 회의감이 들 때도 있을 것입니다. 하지만 노쇼(No-show)와 시간 변경 요청은 다르고, 말 바꿈과 의뢰 내용 정정을 부탁하는 것도 다릅니다. 선은 구분해야 하고 나만의 기준을 세워야 합니다.

우리가 중개의뢰인에게 도움의 손길을 내밀었는데 우리를 존중하지 않거나 필요 없다고 한다면 상처받을 필요 없이 그저 손길을 거두면 됩니다. 더 많은 손님을 확보하여 그중에서 우리를 필요로 하는 의뢰인에게 중개 서비스를 제공하면 되고, 전문성을 강화하여 그 범위를 넓히면 됩니다.

따라서 핵심은 '많은 매물과 손님을 확보하는 것'입니다. 결국 마케팅이죠. 보유하고 있는 매물이 부족하고 문의하는 손님의 수가 적다면 우리를 존중하지 않는 의뢰인에게도 최선을 다해야 하는 상황이 발생할 수 있습니다. 매출은 현실이니까요. 어떻게든 손님을 놓치지 않기 위해 끌려다녀야 하는 상황을 마주하고 싶지 않다면 많은 매물을 확보하고 많은 문의를 받으면 됩니다. 그리고 내가 그중에서 고르면 됩니다.

선순위 임차보증금을 확인할 필요가 있다고 판단되는 다가구주택임에도 불구하고 임대인 정보 제시 의무에 비협조적인 임대인, 터무니없는 가격 조정을 요구하는 손님, 중개 의뢰는 하지 않고 자기 자랑만 늘어놓는 사람 등 중개를 하기에 위험하다고 생각되거나 시간 낭비가 예상이 되는 고객이 찾아오면 저는 정중히 돌려보냅니다. 이들에게도 최선을 다할 중개사무소는 있겠죠. 하지만 저는 아닙니다. 협조적이고 가능성 높은 의뢰인과 일을 진행하는 것만으로도 충분히 바쁘니까요.

　개업한 지 1년도 안 된 제가 어떤 방식으로 마케팅을 하여 이렇게 손님을 고를 수 있을 정도로 많은 문의를 받는지 말씀드리겠습니다.

스마트플레이스

    스마트플레이스는 제가 활용하고 있는 마케팅 중 가장 강력한 수단입니다.

    네이버 부동산 광고는 안 하더라도 스마트플레이스는 반드시 해야 한다고 생각이 될 정도로 효과가 좋으며 처음에만 잘 세팅해 놓으면 블로그처럼 꾸준히 포스팅을 할 필요도, 유튜브처럼 지속적으로 영상을 업로드할 필요도 없습니다.

- 총의뢰 463건(25년 1~3월)
  - 워킹 : 11%
  - 임대문의 현수막 : 7%
  - 기존 고객 및 소개 : 11%
  - 네이버 부동산 : 25%
  - 스마트플레이스 : 35%
  - 기타 : 11%

25년 1월부터 3월까지 모든 중개대상물(주거용과 비주거용)에 모든 의뢰(매도, 매수, 임대, 임차) 건수의 합은 총 463건이며 이 중에서 스마트플레이스를 통한 문의와 접수는 160건(35%)입니다. 세 건 중 한 건 이상이 스마트플레이스를 통해 접수됐고 그다음 많은 비중을 차지하는 네이버 부동산(25%)과 비교해도 큰 차이가 나는 것을 확인할 수가 있습니다.

또한 스마트플레이스를 통한 의뢰는 매물 접수, 매수 또는 임차 의뢰 중 어느 한 가지 유형에 치우치지 않습니다. 매물 접수 약 60%, 매수 또는 임차 의뢰 약 40% 정도로 고르게 받고 있어요. 시장 상황에 따라 변동은 있을 수 있겠지만 중개업 마케팅에 있어서 스마트플레이스가 중요하다는 사실은 데이터를 통해 확실히 알 수 있습니다.

사실 스마트플레이스의 효과는 중개업뿐만 아니라 손님을 유치해야 하는 모든 업종에 유효한데요, 특히 요식업, 미용업, 체육시설업 등과 같이 마케팅을 공격적으로 해야 하는 업종일수록 스마트플레이스 상위 노출을 위한 경쟁이 치열합니다. 네이버 검색 광고 단가도 매우 높은 편이고요. 반면에 중개업은 관악구 신림동 등 일부 지역을 제외하면 경쟁 강도가 낮은 편입니다.

중개업 종사자의 평균 연령이 높다는 점이 그 이유일 것으로 생각되는데, 한 지역에서 중개업을 오래 하신 분들은 이러한 온라인 마케팅 수단이 없더라도 기존에 확보한 매물과 고객만으로도 충분한 거래가 이루어지는 경우가 많죠. 바로 이 부분이 우리처럼 이제 막 개업한 공인중개사가 파고들 수 있는 틈입니다.

① 상위 노출
② 지속적인 관리

스마트플레이스는 업종 무관 이 두 가지가 핵심입니다. '특정 지역+부동산' 키워드로 검색했을 때 검색 이용자가 볼 수 있어야(상위 노출) 클릭을 할 것이고, 클릭해서 들어갔을 때(유입) 전화 또는 예약을 하고 싶은 요인(지속적인 관리)이 있어야 문의와 접수로 이어질 수 있겠죠.

지역 내 중개사무소 기준 플레이스 1페이지에 진입(검색 광고 제외) 한다면 엄청난 문의량을 경험하실 수 있을 겁니다. 하지만 어디를 가나 중개사무소가 널려 있는 요즘, 어느 지역에 오픈한다 한들 이미 수많은 중개사무소가 플레이스에 자리 잡고 있는 상황은 피하기가 어렵습니다. 그래서 이제 막 개업한 중개사무소라면 우선 '플레이스 상위 노출'에 집중하셔야 합니다.

1) 스마트플레이스 마케팅 진행 단계

중개사무소 개설 등록 → 사업자 등록 → 스마트플레이스 업체 신규

등록 → 상위 노출

　스마트플레이스에 중개사무소를 등록하는 순서입니다. 플레이스에 내 중개사무소를 등록하신 분들은 이미 알고 계신 내용이겠지만, 개업 전이신 분들을 위해 설명드렸습니다.
　상위 노출 이전 단계까지는 누구나 쉽게 진행이 가능하며 100% 무료입니다. 마케팅 강의를 진행하다 보면 가끔 유료인지 무료인지 헷갈려 하시는 분들이 계신데, 이는 네이버 검색 광고 중 플레이스 광고와 개념이 섞여서 그렇습니다.

(사진 5) 플레이스 등록(무료)

(사진 6) 네이버 검색 광고(유료)

출처: 네이버

- 플레이스 등록 : 무료
- 네이버 검색 광고를 활용한 플레이스 광고 : 유료

이 두 가지를 명확하게 구분하셔야 중개사무소 플레이스 마케팅을 '스스로' 하실 수 있습니다. 플레이스에 등록하여 내 중개사무소를 네이버 지도에 띄우는 건 누구나 무료로 하실 수 있지만, 등록한 내 업체를 보다 상단에 노출시키기 위해 유료 광고(네이버 검색 광고)를 활용하는 방법도 있는 것이죠.

플레이스 광고는 스마트 플레이스의 업체 정보를 네이버 통합 검색 결과, 플레이스 페이지, 지도 웹과 지도 앱 등에 노출하는 유형이며 클릭당 과금 방식입니다. 먼저 네이버 스마트 플레이스에 업체를 등록해야 광고를 진행할 수 있어요.

클릭당 과금 방식이기 때문에 입찰가를 직접 세팅할 수 있으며 업체당 입찰가에 따라 노출 순위가 결정됩니다. 이 모든 과정은 개인이 스스로 할 수 있습니다. 따라서 대행사에 맡길 이유가 전혀 없어요.

네이버 검색 광고 자체가 유료(클릭당 과금 방식)인데, 손쉬운 세팅 방법조차 공부하기가 귀찮아서 이 모든 과정을 대행사에 맡긴다는 것은 그야말로 돈 낭비라고 할 수 있습니다.

물론 플레이스 광고를 사용하지 않고 스마트 플레이스 세팅만을 대행하는 업체도 있긴 합니다. 하지만 이 또한 방법만 정확히 알면 훨씬 더 적은 비용으로 상위 노출이 가능하고 효율적인 세팅도 할 수 있습니다. 심지어 상위 노출을 유지하는 것도 업체에 맡기는 것에 비해 월등히 유리합니다(이유는 뒤에서 설명하겠습니다).

결론부터 말씀드리면 플레이스 상위 노출을 위해 (유료) 네이버 검색 광고를 일시적으로 활용하면 되고, 일정 수준 상위 노출이 되면 유료 광고 없이 (무료) 스마트 플레이스 노출만 유지하면 됩니다. 지속적으로 광고 비용을 써야 하는 것이 아니기 때문에 충분히 해 볼 만한 작업이고, 앞서 말씀드린 것처럼 노력과 비용 대비 효과가 좋기 때문에 중개사무소 순수익을 올리는데 직접적인 도움이 될 것입니다.

2) 네이버 검색 광고가 필요한 이유

① 검색엔진최적화(SEO:Search Engine Optimization)
② 유입과 사용자 활동(트래픽)

스마트플레이스 상위 노출을 위해서는 이 두 가지 요소가 필수적입니다. 검색엔진최적화가 되어 있으면 네이버 검색엔진 봇이 내 플레이스에 방문했을 때 해당 지역에 있는 업종 중 내 플레이스가 검색 이용자들이 찾고 있는 업체에 부합한다고 판단하여 상위 노출을 시켜 줍니다.

그리고 실제로 검색 이용자들의 유입과 활동이 일어난다면 지수가 쌓여 상위 노출에 보다 유리해지는 거죠. 네이버 검색 광고가 필요한 이유는 바로 이 두 번째, 트래픽 때문입니다.

먼저, 플레이스에 검색 이용자들이 유입(클릭)되기 위해서는 검색 결과에 노출이 되어야 합니다. 내 상호명을 직접 검색하거나 의도적으로 내 업체를 찾아 들어오지 않는 이상 '지역+부동산' 또는 '지역+공인중개사'로 검색했을 때 어느 정도 순위권에는 노출이 되고 있어야 클릭이 이루어질 수 있겠죠.

참고로 인위적인 작업(지인, 허위 트래픽 등)을 통해 이루어진 유입과 사용자 활동은 한계가 있을 뿐만 아니라 저품질 플레이스가 될 수 있는 위험 부담이 크기 때문에 권장하지 않습니다. 우리에게 필요한 건 이런 인위적인 유입이 아니라 일관되지 않은 패턴의 유입과 이를 기반으로 이루어지는 복합적인 활동입니다.

만일 친구들이나 단체 카톡방 등에 부탁하여 내 플레이스에 들어와 달라고 한다면 유입되는 시점부터 머무는 시간, 부탁한 특정 활동(예를 들면 주소 복사), 그리고 빠져나가는 시간까지 거의 비슷할 겁니다. 이와 같은 패턴의 활동이 반복된다면 네이버 검색엔진 봇에 의해 비정상적인 활동이라고 인식될 수 있고 페널티가 부과되는 등 검색 노출에 불리하게 작용할 수 있습니다.

스마트 플레이스는 유입 수, 스마트콜 통화, 시간·요일별 데이터, 유입 채널과 키워드, 그리고 성별·연령까지 모든 데이터가 집계되기 때문에 인위적인 활동은 무조건 걸리게 되어 있죠. 검색엔진 봇을 속이는 건 불가능에 가깝다고 보셔도 됩니다. 보다 직관적인 이해를 위해 예를 들어 보겠습니다.

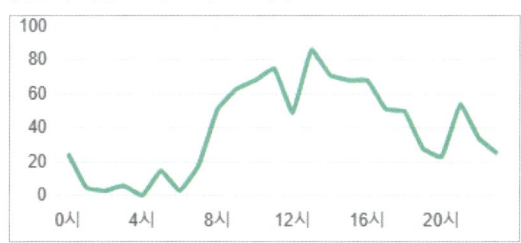

(사진 7) 시간대별 플레이스 조회 수

출처: 네이버 스마트 플레이스

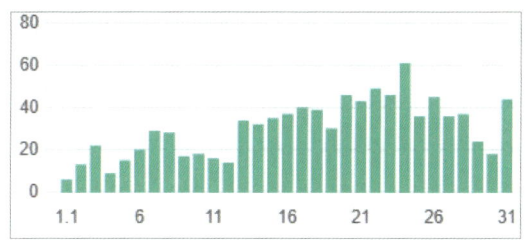

(사진 8) 일별 플레이스 유입 수

출처: 네이버 스마트 플레이스

위 그래프는 제 플레이스 통계이며 각각 시간대별과 일별 데이터입니다. 인위적인 유입으로 만들어진 데이터가 아닌 정상적인 통계는 위와 같은 패턴(일관되지 않은 패턴)을 보입니다. 이와 같이 일간, 주간, 그리고 월간 데이터가 모두 집계되는데 평소에는 유입과 활동이 없었던 플레이스에 갑자기 특정 날짜, 특정 시간대에만 많은 유입이 발생한다면, 그리고 이러한 패턴이 반복된다면 누가 보더라도 비정상적인 활동으로 의심하게 될 것이고 검색엔진 또한 마찬가지일 수밖에 없다는 것이죠.

결국 우리 플레이스에 필요한 것은 일관되지 않은 패턴의 유입과 복합적인 활동인데, 이제 막 오픈한 중개사무소라면 이미 사방 천지에 깔린 업체에 밀려 클릭(유입)되기가 어려운 상황일 가능성이 높습니다.

그래서 우리는 잠시 네이버 검색 광고(플레이스 광고)를 활용할 필요가 있습니다. 시작하기에 앞서 한 가지 이해하셔야 할 내용은 플레이스 광고를 등록한다고 하여 내 기존 플레이스 순위가 직접적으로 상승하는 것이 아니라는 점입니다.

내 기존 플레이스는 그대로 유지가 되고, 광고로 등록한 플레이스만 입찰가에 맞춰 노출이 되는 구조예요.

1. (광고) A 중개사무소
2. -
3. -
·

．

．

30. A 중개사무소

위의 예시로 보면 30위가 내 기존 플레이스이고 1위가 네이버 검색광고로 등록한 플레이스입니다. 핵심은 광고로 등록한 플레이스로의 유입과 사용자 활동이 내 기존 플레이스의 지수를 향상시켜 노출 순위를 올려 준다는 사실입니다.

지인에게 부탁한 것도, 인위적인 트래픽을 발생시킨 것도 아니기 때문에 당연히 일관되지 않은 패턴의 유입이 일어날 수밖에 없고 클릭 후 활동과 체류 시간이 모두 제각각일 것입니다.

이렇게 무작위 클릭(유입)과 사용자 활동이 발생하면 순수 트래픽이 모이기 때문에 자연스럽게 지수가 올라가게 되고 노출 순위도 상승하게 되죠. 게다가 네이버 검색엔진 봇으로부터 어뷰징으로 의심받아 저품질 플레이스가 되는 위험성까지 제거되기 때문에 장기적인 플레이스 운영에도 유리합니다.

제가 앞에서 정확한 방법만 알면 스스로 플레이스를 세팅하고 운영하는 것이 대행사에 맡기는 것보다 훨씬 적은 비용으로 상위 노출이 가능하다고 설명드린 부분이 바로 이 내용입니다.

그리고 상위 노출을 유지하는 것도 월등히 유리하다고 말씀드렸는데 플레이스를 대행사에 맡길 경우 어뷰징 업체를 만날 가능성이 너무나도 높기 때문입니다. 당장 상위 노출 결과를 보여 줘야 하는 대행사 입장에서는 허위 키워드 유입 등 네이버가 싫어하는, 더 정확히 말하면 검색엔진 봇을 통해 적발될 시 저품질이 될 가능성이 높은 어뷰징 작업을 공격적으로 할 가능성이 크죠.

따라서 상위 노출이 되는 속도는 더 빠를 수 있어도 그 순위를 유지하는 것은 어려울 수밖에 없습니다. 언젠간 네이버에 걸릴 것이고, 플레이스 순위는 떨어질 테니까요. 그리고 만약 저품질 플레이스가 된다면 복구하는 것도 상당히 어려워집니다.

그래서 대행사에 의뢰하는 걸 권장하지 않는 것이고, 돈이 이중 삼중으로 들어가는 대행업체에 맡기는 것보다 직접 운영하면서 네이버 검색 광고를 활용하는 편이 낫다고 말씀드리는 겁니다.

① 창업 직후 경쟁업체에 노출 순위가 밀려 트래픽 발생 기회가 적은 상황에서 잠시 네이버 검색 광고를 활용함으로써 지수를 쌓을 것.
② 그리고 이를 직접 운영할 것.

결론은 이 두 가지입니다.
트래픽만으로 상위 노출이 될 수 있는 것은 아니지만 반드시 필요한 요소이고 순위 유지를 위해서도 일정량의 트래픽 발생은 중요하기 때문에 개업 초기에는 네이버 검색 광고를 활용하는 것이 분명 큰 도움이 될 수 있습니다.

잊지 말아야 할 건 네이버 검색 광고를 활용하는 목적이 개업 초기 순위에서 밀려 유입 기회가 적을 수밖에 없는 내 플레이스에 트래픽을 발생시키기 위함이라는 점입니다.

따라서 어느 정도 상위 노출이 되었다면 플레이스 광고를 활용하지 않더라도 (내 기존 플레이스를 통해) 클릭과 활동이 이루어지기 때문에 클릭당 과금 방식의 네이버 검색 광고를 지속할 필요가 없습니다.

3) 스마트플레이스 키워드 세팅이 중요한 이유

① 검색엔진최적화(SEO:Search Engine Optimization)
② 유입과 사용자 활동(트래픽)

스마트플레이스 상위 노출을 위해서는 이 두 가지 요소가 필요하다고 설명드렸고 개업 초기 일관되지 않은 패턴의 유입과 복합적인 활동을 늘리기 위해 네이버 검색 광고를 활용하는 방법까지 설명드렸습니다.
하지만 아무리 많은 트래픽을 발생시켜도 노출 순위가 오르지 않는 플레이스가 있는데, 대부분의 이유는 검색엔진최적화(SEO)가 되어 있지 않기 때문입니다.

검색엔진최적화(SEO)란 사이트 내 콘텐츠 정보가 검색엔진이 잘 이해할 수 있도록 정리되어 있음을 의미하는데, 이걸 플레이스에 적용해 보면 네이버 검색 로봇이 봤을 때 내 플레이스가 어느 지역에서 무엇을 팔고 어떤 서비스를 제공하고 있는 업체인지 파악하기가 쉬운 상태라고 보시면 됩니다.

네이버 입장에서는 블로그나 플레이스 등을 운영하는 콘텐츠 생산자가 직원이고, 검색 이용자가 손님입니다. 따라서 손님인 검색 이용자들에게 보다 정확한 검색 결과를 제공함으로써 신뢰를 얻고 싶어 하죠. 그리고 이들이 네이버에 오래 머무르길 원합니다.

그래서 특정 키워드로 검색했을 때 검색 이용자의 의도에 가장 부합한다고 판단되는 콘텐츠부터 상위 노출을 시켜 주는 거죠. 네이버 입장에서는 해당 검색 결과가 손님의 니즈를 충족시킬 수 있다고 생각하기 때문에 이를 생산한 직원에게 가산점을 주는 구조입니다.

이 판단의 근거는 텍스트이며, 해당 검색어와 연관성이 높은 키워드가 적재적소에 잘 삽입되어 있을수록 유리합니다. 예를 들어 미용실을 검색한 사람이라면 '남자 머리', '여자 머리', '기장 추가' 등이 궁금할 수 있고, 식당을 검색한 사람이라면 '주차장', '단체석', '유아 의자' 등의 여부가 중요할 수 있겠지요.

이렇게 사람들이 궁금해할 만한 내용을 미리 키워드로 삽입해 두면 네이버 입장에서는 검색 이용자의 의도에 부합하는 검색 결과일 것이라고 판단하여 상위 노출을 시켜 줍니다.

이 개념을 우리 중개사무소 플레이스로 가져와 보면 '특정 지역+부동산'으로 검색한 사람들이 궁금해할 만한 내용을 키워드로 삽입해 두는 것이 검색엔진최적화(SEO)를 위한 작업이라고 할 수 있겠지요.

중개사무소 관련 키워드가 궁금하신 분들은 '부천역 부동산'으로 검색해서서 제 플레이스*를 참고하셔도 되고, 각 지역마다 이미 상위 노출이 되고 있는 플레이스에서 힌트를 얻으시는 것도 좋은 방법입니다.

스마트 플레이스에서 텍스트를 삽입할 수 있는 곳은 대표 키워드, 상세 설명, 찾아오는 길, 리뷰 영역 등이 있으며 대표 키워드는 최대 5개, 상세 설명은 2,000자, 찾아오는 길은 400자까지 허용됩니다.

여기에 중개사무소, 그리고 부동산과 관련된 키워드를 넣으면 되고 이를 토대로 네이버 검색 로봇에게 내 플레이스가 우리 지역 부동산을 검색하는 이용자들에게 가장 적합한 업체라는 것을 알리면 됩니다.

* '부천역 부동산' 검색 후 '부동산이즈 정TV부동산 공인중개사사무소' 클릭

플레이스는 결국 '텍스트'가 핵심입니다. 네이버는 텍스트 기반 플랫폼이기 때문에 검색 로봇이 판단하는 기준도 텍스트이며, 삽입된 '키워드'에 따라 노출 순위가 달라질 수 있기 때문이죠.

① 상위 노출
② 지속적인 관리

스마트플레이스 마케팅을 통해 효과를 보기 위해서는 업종 무관 이 두 가지가 핵심이라고 설명드렸습니다. 앞에서 검색엔진최적화와 트래픽을 통한 상위 노출 방법에 대해 설명드렸고, 이제는 지속적인 관리 방법에 대해 이야기해 보려고 합니다.

플레이스 마케팅을 하는 목적은 당연히 매출 상승, 문의량 증가입니다. 따라서 상위 노출과 유입만 중요한 것이 아니라, 클릭 이후 문의와 매물 접수로 이어질 수 있게 하는 것도 중요합니다.
'지속적인 관리'라고 적었지만 사실 대부분은 초기 세팅만 잘해 두면 딱히 바꿀 필요가 없는 영역이고, 지속적으로 관리해야 하는 영역도 그다지 많은 노력과 시간이 들어가지 않습니다. 지속적인 블로그 포스팅, 유튜브 영상 업로드와 비교하면 난도가 훨씬 낮죠.

(1) 업체 사진

(2) 새 소식

(3) 리뷰

결론부터 말씀드리면 이 세 가지가 가장 중요합니다.

이 세 가지 영역이 어떻게 보여지느냐에 따라 많은 문의로 이어지는 플레이스가 될 수도, 금방 이탈하는 (체류 시간이 짧은) 플레이스가 될 수도 있습니다. 하나씩 살펴보죠.

(1) 업체 사진
"방문하고 싶은 중개사무소 만들기"

플레이스 내에서 검색 이용자 대부분이 가장 오래 머무는 영역이며 해당 업체의 정체성을 직관적으로 파악할 수 있는 영역이기도 합니다.

우리도 어떤 업체를 검색했을 때 사진 영역을 보면서 방문 또는 이용 여부를 결정하는 경우가 많죠. 식당이라면 음식 사진을 볼 것이고, 미용실이라면 스타일 사진을 확인할 겁니다.

따라서 사진의 목적은 당연히 구매 욕구를 자극하는 것이어야 하고 문의, 방문, 그리고 의뢰로 연결될 수 있어야 합니다.

중개사무소도 마찬가지입니다. 식당과 미용실 못지않게 중요한 것이 중개사무소 플레이스의 사진 영역이에요. 큰 금액이 오고 가는 부동산 거래인 만큼 고객들에게 신뢰를 주는 것이 중요한데, 잘 세팅된 플레이스 사진이 이 역할을 해 줄 수 있기 때문입니다.

일반적으로 매물 접수(매도, 임대)를 하는 손님 측보다 매수 의뢰, 임차 의뢰를 하는 손님 측에 효과가 좋은데 특히 전세 매물을 찾는 손님에게 중요한 역할을 합니다. 전세 사기를 걱정할 수밖에 없는 사회적인 분위기 때문이죠.

 - 자격증, 중개사무소 등록증
 - 공제증서 또는 손해배상책임보증에 가입했다는 사실
 - 사업자등록증, 현금영수증의무발행가맹점 스티커

간판이나 사무실 내부 사진 외에도 위에 나열한 것들은 플레이스 사진으로 꼭 등록하시길 추천합니다. 당연히 있어야 하는 것들이고 게시 의무까지 있기 때문에 (사진으로 등록하는 것이) 무슨 의미가 있나 싶겠지만 손님들에겐 중요할 수 있습니다.

게시 의무가 있다는 사실도 대부분 모를뿐더러 이러한 당연한 것들을 손님들은 알고 싶어 하거든요. 불안감과 불신이 만연한 사회 분위기를 바꾸는 건 어렵지만 이를 새로운 기회로 만드는 건 가능합니다.

이 밖에도 매물 브리핑하는 모습, 상담 또는 계약서 작성 장면, 손님과 함께 찍은 사진 등 신뢰를 높일 수 있는 사진의 종류는 다양합니다.

특히 손님과 함께 사진을 찍는 방법은 트레이너 시절 자주 활용했던 방법인데 '간접 경험'의 의미로 효과가 좋습니다. 지금은 사무실 유리창에 걸어 둔 제 사진을 활용하여 계약 후 바로 옆에서 촬영을 부탁드리는데 대부분 흔쾌히 동의해 줍니다.

이렇게 계약을 마친 손님과의 사진은 중개 사례로서 역할을 톡톡히 하기 때문에 그 어떤 사진보다 긍정적인 효과가 있습니다.

플레이스 사진을 잘 세팅해 두면 신뢰를 높이는 의미로도 효과가 있지만 검색 이용자의 체류 시간을 늘림으로써 지수를 쌓는 데도 유리합니다. 앞서 말씀드린 것처럼 업체 사진 영역이 검색 이용자들이 가장 오래 머무르는 영역이기 때문에 이를 잘 활용한다면 검색 상위 노출에도 직접적인 도움이 될 수 있습니다.

(2) 새 소식
"핵심은 빈도"

스마트플레이스 새 소식은 마치 블로그에 포스팅을 하듯이 지속적으로 내용을 업로드할 수 있는 영역입니다. 계약 사례, 부동산 정책, 관련 법 개정 등 다양한 소식을 담을 수 있으며 지속적인 업로드를 통해 검색 이용자들로 하여금 잘 관리되고 있는 업체라는 느낌을 받게 할 수 있습니다.

특정 업체 SNS에 들어갔는데 최신 글 게시일이 2~3년 전이라면 신뢰도가 떨어질 수 있겠지요. 반면 내용에 관계없이 게시글이 주기적으로 업데이트되고 있다면 관리가 잘되고 있는 업체라고 인식되어 문의로 연결될 가능성이 높아집니다.

그래서 새 소식은 '내용'보다 '주기'가 중요합니다. 블로그 포스팅과 달리 키워드를 신경 쓸 필요도, 유사 문서를 걱정할 필요도 없습니다. 사진 최대 5장, 제목 5~40자, 본문 10~1,000자 범위 내에서 자유롭게 작성하시면 되고 중요한 소식이라면 공지로 등록할 수도 있습니다.
 계약 사례를 담는 것이 가장 효과적일 것으로 생각되지만, 당장 계약 사례를 담기 어려운 상황이라면 관공서 홈페이지나 블로그 등을 참고하여 정책 이슈나 부동산 관련 소식을 작성해 보는 것도 좋은 방법입니다.
 플레이스는 지역 기반이기 때문에 내가 중개하고 있는 지역의 부동산 정보를 담는 것도 이목을 끌 수 있겠지요.

소식 영역은 '소식'과 '블로그'로 구성되는데 플레이스에 직접 내용을 작성할 수 있는 곳이 '소식', 블로그의 특정 카테고리 게시글을 노출할 수 있는 곳이 '블로그'입니다.
 블로그 포스팅도 꾸준히 하는 분이 소식도 주기적으로 업데이트한다면 분명 매력적인 플레이스로 보일 수 있습니다.

(사진 9) 소식-소식   (사진 10) 소식-블로그

출처: 네이버 스마트 플레이스

(3) 리뷰

"반드시 요청하세요. 매출로 이어질 수 있는 강력한 무기입니다."

플레이스의 모든 영역 중 소비자의 구매 욕구를 가장 강력하게 자극할 수 있는 영역으로 알려져 있습니다. '기존 소비자의 후기'는 식당, 미용실, PT, 병원 등 대부분의 업종에서 중요하게 생각하고 있으며 이를 '리뷰'라는 형식으로 표현합니다.

기존 소비자의 평가가 긍정적일수록 매출로 연결될 가능성이 높아지는 건 당연하겠지요. 반면 부정적인 리뷰가 많을 경우에는 문의와 구매로 연결되는 것이 어려워집니다.

이처럼 리뷰의 영향력이 크다는 걸 네이버도 알고 있기 때문에 리뷰를 남길 수 있는 자격에 제한을 두고 있습니다. "진짜 소비자"가 맞는지 검증한 후 리뷰 작성 권한을 부여하는 방식이며 '영수증 인증', '결제 내역 인증', 그리고 '예약 이용 완료'를 통해 검증합니다.

중개사무소는 일반적으로 카드 단말기가 설치되어 있지 않기 때문에 '예약'을 통해 리뷰를 받을 수 있습니다. 따라서 내 플레이스에 예약 상품을 등록하여 예약 기능을 활성화시켜야 하고, 계약 시 손님에게 '예약'과 '리뷰 작성'을 요청하면 됩니다.

(사진 11) 예약 상품 등록하기

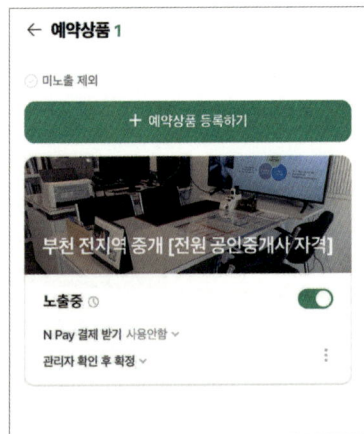

(사진 12) 예약 상품 예약 신청

출처: 네이버 스마트 플레이스

(사진 13) 리뷰 작성

출처: 네이버 스마트 플레이스

　방문 목적으로 예약하는 손님은 거의 없기 때문에 오직 '리뷰'를 받기 위한 기능이라고 생각하시면 돼요. 계약까지 연결된 손님이고 중개 과정에서 특별한 문제만 없었다면 대부분 흔쾌히 작성해 줍니다. 참고로 매도, 임대 손님보다 매수, 임차 손님 측에 요청하는 것이 수월해요.

　예약 상품 등록하기(업체) → 예약 신청(손님) → 예약 확정(업체) → 이용 완료(업체) → 리뷰 작성(손님)

예약을 통한 리뷰 작성은 이 순서대로 진행이 됩니다. 예약 확정은 '예약 신청과 동시에 확정' 또는 '관리자 확인 후 확정' 중 선택이 가능한데, 저는 진행하기 어려운 의뢰 내용으로 예약 신청이 되는 경우가 많아 '관리자 확인 후 확정'으로 설정했습니다.

업체에서 예약 확정, 이용 완료까지 누르면 예약 당사자인 손님이 리뷰 작성을 할 수 있는데 저의 경우는 중개 과정에 대한 후기를 솔직하게 작성해 달라고 요청합니다. 그리고 계약서 파일을 들고 촬영한 사진까지 함께 올려 달라고 부탁드리죠. 가끔 이렇게 후기를 부탁하는 과정에서 중개보수 할인 요청은 없는지 걱정하시는 분들이 계신데, 저는 여태까지 단 한 건도 없었습니다.

처음이 어렵지 후기 요청도 하다 보면 익숙해지고, 시간이 지나 긍정적인 리뷰가 쌓이면 분명 문의량 증가에 큰 도움이 될 수 있습니다.

4) 스마트플레이스 주의 사항

① 스마트콜 미연결
② 잦은 정보 수정

스마트플레이스를 운영하면서 많은 분들이 하는 대표적인 실수입니다. 스마트콜 미연결은 트래픽과 관련이 있고 잦은 정보 수정은 검색엔진최적화(SEO)와 관련이 있습니다.

　제가 앞에서 '네이버 입장에서는 플레이스 운영자가 직원이고, 검색 이용자가 손님이다'라고 언급한 내용이 있습니다. 네이버 통화 연결 기능인 스마트콜을 등록하고 검색 이용자의 전화를 받지 않아 통화 미연결 건이 누적된다면 신뢰를 떨어뜨린 직원이라고 판단하여 페널티를 줄 수 있습니다. 즉, 지수 하락으로 이어질 수 있어요.

(사진 14) 스마트콜 통계 좋은 예

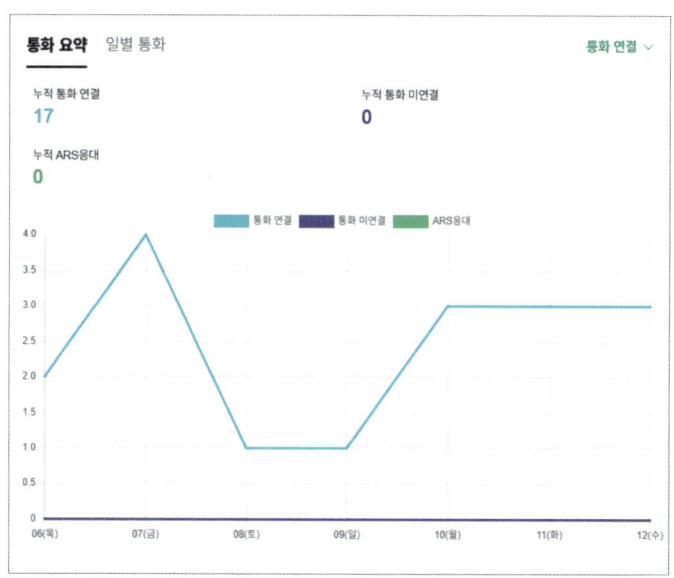

출처: 네이버 스마트 플레이스

(사진 15) 스마트콜 통계 나쁜 예

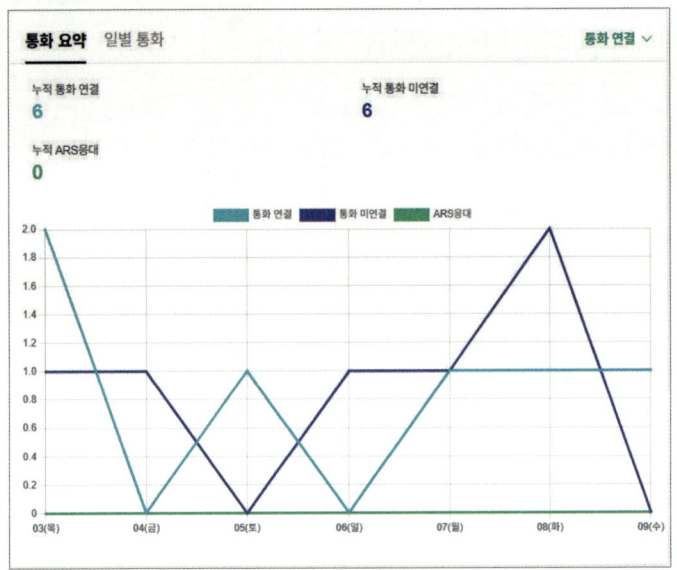

출처: 네이버 스마트 플레이스

 이렇게 통화 연결과 미연결 통계가 쌓이기 때문에 미연결 건이 누적되지 않도록 주의하셔야 합니다. 만일 전화를 받지 못하는 상황이 자주 발생한다면 스마트콜 등록을 안 하시는 게 나을 수도 있어요.
 스마트콜 기능을 사용하는 중개사무소라면 착신 전환 시 대기 시간이나 자동으로 나가는 인사말은 가급적 짧게 설정하시는 게 좋습니다. 이는 스마트콜 미연결 건을 줄이기 위한 방법이기도 하지만, 분초사회에 살고 있는 만큼 고객의 대기 시간을 단축시켜야 다른 중개사무소로의 이탈도 막을 수 있으니까요.

그리고 잦은 정보 수정 또한 지수 하락으로 이어질 수 있는데, 바로 네이버 검색엔진 봇이 방문하여 정보를 수집하는 스마트플레이스의 특성(SEO) 때문입니다. 업체에서 정보를 수정하면 곧바로 인식하는 것이 아니라 일정 기간을 두고 정보를 수집하는데 이 정보를 너무 자주 수정하면 네이버 봇 입장에서 업체를 인식하기가 어려워집니다.

특히 상세 설명과 대표 키워드는 네이버 검색엔진 봇이 중요하게 여기는 영역이기 때문에 수정하고 싶은 내용이 있어도 메모해 두셨다가 어느 정도 텀을 두고 한 번에 수정하시는 것을 추천드려요. 참고로 위에서 언급한 새 소식 영역은 이에 해당하지 않기 때문에 지속적으로 업데이트하셔도 괜찮습니다.

5) 꾸준한 마케팅 공부

"결국, 마케팅이 답이다"

공인중개사, 특히 개업공인중개사 입장에서 중개 스킬만큼이나 중요한 것이 마케팅입니다.
손님에게 휘둘리지 않고 내 소신껏 중개를 하고 싶어도 당장 중개할 수 있는 매물이 없고 문의하는 손님이 없다면 끌려다니는 중개를 할 수밖에 없습니다.

  따라서 스마트플레이스, 블로그, 유튜브 등 마케팅에 대한 공부와 노력은 반드시 필요해요. 원고를 쓰고 있는 현재 경기도 부천 지역에서 중개사무소 기준 플레이스 1위를 유지하고 있지만 저는 아직도 공부를 하고 있습니다.

  온라인 마케팅 전문 서적이 아님에도 불구하고 스마트플레이스에 대한 내용으로만 이렇게 많은 지면을 할애한 이유는 그만큼 시간과 노력 대비 효율성이 좋기 때문입니다. 누구라도 조금만 신경 쓴다면 분명 많은 문의와 의뢰로 이어질 수 있으니 꼭 시도해 보시기 바랍니다.

매물 정리

"찾는 동안 옆 부동산 갑니다"

중개사무소를 오픈하면 하나둘씩 매물이 접수됩니다. 메모지, 노트, 접수장, 엑셀 등 여러 가지 방법이 있을 수 있는데, 어떤 방법으로 접수하든 이를 일원화하는 것이 중요합니다. 이를 처음부터 정해 놓지 않고 양식 없이 매물을 접수하면 필요할 때 찾는 것도 불편하고 효율적인 광고와 브리핑도 어렵습니다.

매물 종류(주거용, 상업용 등)와 거래 종류(매매, 임대)에 따라 각각의 양식을 만들어 놓고 이 형식에 맞춰서 매물을 접수해야 합니다. 그리고 이를 토대로 매물을 정리하셔야 합니다.

접수 양식은 매물 광고에 필요한 내용을 기준으로 하되, 이 중에서 등기부등본과 건축물대장을 통해 확인할 수 있는 부분을 제외하고 만드시면 됩니다. 이렇게 접수를 하고 관련 공부를 확인하여 나머지 내용을 채운 후 매물을 정리하시면 됩니다. 이것이 인터넷 표시·광고의 시작입니다.

1) 접수 양식이 필요한 이유

개업 초기에는 실수를 줄이기 위함이고, 나중에는 정확도와 효율성을 높이기 위함입니다.

주택(준주택 포함)은 관리비를 꼭 확인해야 하지만 상가는 필수가 아닙니다. 주거용 임대라면 반려동물 사육 가능 여부를 체크하겠지만 매매의 경우에는 물어볼 이유가 없습니다. 그리고 상가 임대는 기피 업종을 확인해야 하고, 주거용 월세는 단기 임대 가능 여부와 옵션 유무를 물어볼 수 있습니다.

이렇게 주택과 상가는 물어봐야 할 내용이 다르고 매매와 임대도 각각 체크해야 할 사항이 다릅니다. 이 내용이 정리되어 있지 않다면 지금 막 다녀간 손님에게 많게는 두세 번 더 전화해야 할 일이 생길 수도 있습니다.

경력이 오래된 공인중개사라면 이러한 양식이 없더라도 필요한 내용을 한 번에 정리할 수 있겠지만, 이제 막 중개업을 시작하시는 분들이라면 내 눈앞에 질문지(양식)가 있지 않는 한 누구라도 한두 개씩 빠뜨릴 수 있습니다. 경험상 실수의 가능성을 조금이라도 낮추는 것이 긴장감을 덜 수 있는 방법 중 하나이기 때문에, 개업 후 빠른 시일 내에 잘 갖춰진 접수 양식을 만드시는 것이 필요합니다.

어떻게 만들어야 할지 막막하다면 네이버 부동산을 참고하시는 것도 좋은 방법이에요. 매물 종류와 거래 종류에 따라 네이버 부동산 광고를 참고하여 목록을 정리한다면 기본적인 틀은 쉽게 만들 수 있습니다. 여기에 광고로는 확인할 수 없는 소유자 이름, 연락처 등만 추가하고 실제로 광고를 올리면서 필요한 항목들을 그때그때 정리하시면 돼요.

만일 기존 중개사무소를 인수하여 창업하였다면 양수한 매물 리스트를 참고하여 만드시면서 내가 광고하기 편한 형태로 일부 수정하면 됩니다.

2) 매물장

매물장도 접수 양식과 마찬가지로 표시·광고에 초점을 맞추시면 되고, 원활한 브리핑이 가능하도록 찾기 쉽게 정리하시면 됩니다.

매물장은 정답이 없습니다. 엑셀, 구글 스프레드시트, 수첩, 프로그램이나 별도의 플랫폼 등 다양한 방식이 있으며 본인이 정리하기 편하고 찾기 쉽다면 어떤 방식이든 괜찮습니다.

중요한 건 개업 후 가급적 빠른 시일 내에 자신에게 맞는 방식을 찾아야 한다는 것입니다. 왜냐하면 매물이 어느 정도 쌓인 후 방식을 바꾸기 위해서는 매물을 옮기는 것만 해도 수많은 시간과 에너지가 소요되기 때문이죠. 만일 같은 방식(예: 엑셀) 내에서 항목(예: 엘베 유무)만 추가한다고 하더라도 꽤 오랜 시간이 걸릴 수 있습니다.

따라서 매물이 쌓이기 전에 나만의 방식을 찾고 그 틀에 맞춰서 매물을 정리하는 것이 좋습니다.

정리가 편하고 찾기 쉬운 방식의 매물장이 좋다고 말씀드렸는데요, 이는 개업공인중개사인 나뿐만 아니라 직원(소속공인중개사 또는 중개보조원)에게도 적용되는 내용입니다. 언젠간 직원을 고용하실 계획이시라면 함께 일하게 될 소속공인중개사나 중개보조원도 매물을 찾는 것이 쉬워야겠죠.

그리고 사무실 내에서만 찾을 수 있는 방식보다 언제 어디서든 확인할 수 있는 방식이 좋습니다. 사무실 PC에서만 확인할 수 있는 오프라인 매물장보다 집에서도, 핸드폰으로도 확인 가능한 온라인 방식의 매물장을 사용한다면 훨씬 더 유연한 대처가 가능하고 브리핑도 수월해질 수 있습니다.

3) 구글 스프레드시트를 추천하는 이유

저는 매물장뿐만 아니라 모든 데이터를 구글 스프레드시트에 입력하고 있습니다.

웹 기반이기 때문에 언제 어디서든 확인할 수 있다는 장점이 있고, 편집도 가능합니다. 엑셀에 매물을 정리해 두었다면 사무실 내에서만 확인과 편집이 가능하겠지만 구글 스프레드시트를 사용한다면 집에서도, 임장 중인 현장에서도 확인과 편집이 가능합니다.

또한 직원이 구글 계정만 있으면 쉽게 공유할 수도 있습니다. 저의 구글 계정과 비밀번호를 알려 줄 필요도 없고, 편집 권한과 뷰어 권한을 선택적으로 줄 수 있습니다. 그리고 특정 시트만 공유하는 것도 가능하죠.

① 아파트 (공유 O - 뷰어 기능)
② 원·투룸 (공유 O - 편집 기능)
③ 상가 (공유 X)

예를 들어 위와 같은 방식으로 특정 매물장만 선택하여 공유할 수 있습니다. 그리고 공유한 매물장을 구분하여 아파트는 볼 수만 있게, 원·투룸은 편집도 가능하게 권한을 나눌 수 있습니다. 이 기능만으로도 직원 관리와 역할 분담이 훨씬 수월해질 수 있습니다.

구글 스프레드시트의 또 다른 장점 중 하나는 '필터' 기능이 있다는 점입니다(엑셀도 동일). 필터 기능을 활용하면 매물 찾는 시간이 크게 단축될 수 있는데 매물이 많으면 많을수록 이 기능의 중요성은 커집니다. 정렬(오름차순, 내림차순) 기능과 값별 필터링 기능을 활용하여 내가 원하는 매물을 빠르게 찾는 방법인데 예를 들어 설명하겠습니다.

(사진 16) 매물장 예시: 구글 스프레드시트

	A	B	C	D	E	F	G	H	I	J	K	L
	확인일	주소	상세주소	구분/건물명	사용승인일	엘리베이터	면적	건물소유주	거주형태	연락처	상담내역	매도희망가격
2	25.03.01	원미동	-	아파트/	2015	X	84	-	전세	010-1234-5678	25.03.01(방문) 매도의뢰	20,000
3	25.03.12	심곡동	-	다세대주택/	2008	O	59	-	소유자거주	010-1234-5678	25.03.12(전화) 매도의뢰	34,000
4	25.03.18	중동	-	연립주택/	2009	O	84	-	공실	010-1234-5678	25.03.18(문자) 매도의뢰	25,000
5	25.03.22	상동	-	오피스텔/	2020	O	59	-	전세	010-1234-5678	25.03.22(방문) 매도의뢰	30,000
6	25.04.01	심곡본동	-	다가구주택/	2020	O	84	-	소유자거주	010-1234-5678	25.04.01(전화) 매도의뢰	32,500
7	25.04.12	소사본동	-	단독주택/	2014	X	59	-	공실	010-1234-5678	25.04.12(문자) 매도의뢰	35,000
8	25.04.13	심곡동	-	다세대주택/	2020	O	84	-	전세	010-1234-5678	25.04.12(방문) 매도의뢰	37,500
9	25.04.16	괴안동	-	아파트/	2011	X	59	-	소유자거주	010-1234-5678	25.04.16(전화) 매도의뢰	40,000

출처: Google

제가 사용하고 있는 구글 스프레드시트 매물장 중 몇 가지 항목만 추린 샘플 자료입니다. 샘플에 있는 8개의 매물 중 심곡동 소재의 매물만 추려 보겠습니다.

(사진 17) 값별 필터링

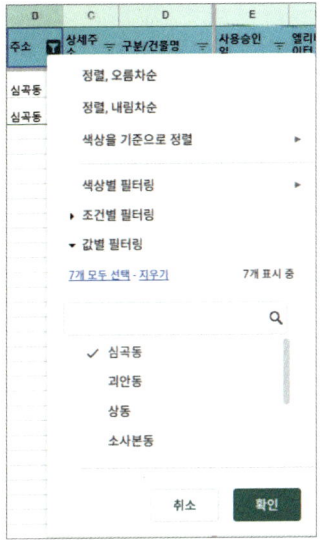

출처: Google

(사진 18) 필터링 결과

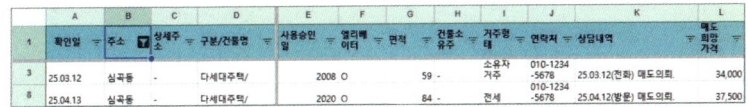

출처: Google

B열(주소)을 필터링하여 심곡동에 있는 매물만 선택적으로 볼 수 있습니다.

개업 이후　　　　　　　　　　　　　　　　　　　　　　　　99

(사진 19) 값별 필터링

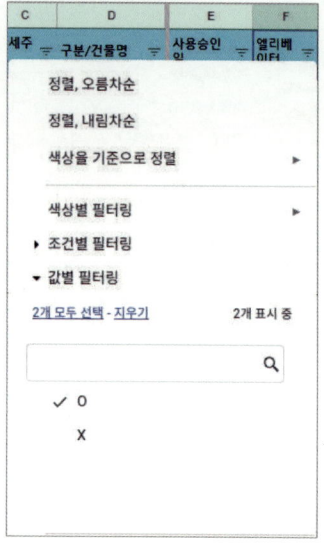

출처: Google

(사진 20) 필터링 결과

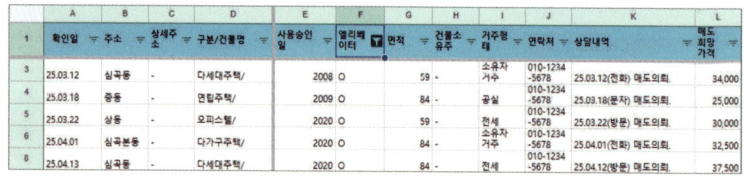

출처: Google

(사진 21) 정렬, 오름차순

출처: Google

(사진 22) 정렬 결과

출처: Google

사진 19, 20과 같이 필터링하여 엘리베이터가 있는 매물만 볼 수도 있고, 사진 21, 22와 같이 오름차순으로 정렬하여 낮은 가격의 매물 순으로 확인할 수도 있습니다.

매물이 많지 않을 경우 필터 기능이 없어도 원하는 매물을 찾는 것이 그리 어렵지 않겠지만 보유한 매물이 수십 개, 수백 개일 경우에는 정확도와 신속성이 떨어질 수밖에 없습니다. 따라서 개업 초기부터 필터 기능에 익숙해질 수 있도록 매물을 정리하고 연습해 보실 것을 추천드립니다.

4) 개업 초기에 매물 정리 시스템을 갖추는 것이 중요

매물 접수 → 매물 정리 → 광고

개업 이후 최대한 빠른 시일 내에 익숙해져야 하는 것이 위 프로세스입니다. 처음부터 완벽히 나만의 방식을 만드는 것은 무리가 있겠지만, 개업 이후 상당한 시간이 지났음에도 불구하고 매물 접수하는 방식이 일원화되어 있지 않고 매물장의 틀을 갖추지 못하였다면 원활한 브리핑과 정확하고 신속한 일 처리는 남 얘기일 수밖에 없습니다.

따라서 접수 양식이든 매물장이든 사용하면서 광고 올리기와 브리핑에 불편함이 있다면 즉각 수정하고 보완하면서 나만의 시스템을 갖추는 것이 좋습니다.

고객 관리

"끊이지 않는 손님 흐름 만들기"

중개업을 시작하면 스마트플레이스, TM, DM, 명함 작업 등 여러 가지 방법을 동원하여 매물과 손님을 확보합니다. 결코 쉽지 않은 과정이지요. 따라서 어렵게 확보한 고객을 놓치지 않기 위해, 때로는 소개와 추가 의뢰를 받기 위해 잘 관리하는 것이 필요합니다.

■ 총의뢰 463건(25년 1~3월)
 - 워킹 : 11%
 - 임대문의 현수막 : 7%
 - 기존 고객 및 소개 : 11%
 - 네이버 부동산 : 25%
 - 스마트플레이스 : 35%
 - 기타 : 11%

앞에서 언급한 의뢰 통계입니다. 기존 고객의 추가 의뢰와 소개 건의 비율은 11%로 워킹 고객 비율과 동일합니다. 결코 적은 비율이 아니며 기존 고객 관리만 잘 되어도 비교적 쉽게 매물 접수와 의뢰를 받을 수 있다는 의미입니다.

그리고 이렇게 유입된 의뢰는 신뢰를 바탕에 깔고 있다는 장점까지 있습니다. 신규 고객을 유치하는 것보다 비용도 훨씬 덜 들어가죠. 이러한 장점 때문에 업종 불문, 사업체 규모와 무관하게 모두가 재방문 고객을 늘리기 위해 고군분투합니다.

특히 신뢰도가 떨어져 있는 업종일수록 재방문 및 소개 고객의 중요성은 더욱 강조되는데, 이는 타 매장으로의 이탈 가능성이 낮기 때문입니다. 알고 계신 바와 같이 부동산 중개업은 여러 가지 이유로 인해 신뢰도가 많이 떨어져 있습니다. 이러한 사회 분위기를 개인이 바꾸기엔 무리가 있지만, 이 틈을 이용해서 나만의 신뢰도를 쌓고 재방문 및 소개 고객을 늘리는 것은 노력 여하에 따라 충분히 가능한 일입니다. 그렇다면 중개업을 하면서 어떤 방식으로 고객 신뢰를 쌓을 수 있는지 하나씩 살펴보겠습니다.

1) 감사 문자

감사 인사라고 적지 않고 감사 문자라고 한 이유는 '문자'가 줄 수 있는 신뢰감 때문입니다. 감사 문자를 남기는 건 트레이너 시절부터 들인 습관인데 매우 작은 노력으로 차별성을 보여 줄 수 있다는 장점이 있습니다.

상담을 마친 고객에게 '방문해 주셔서 감사드린다', PT를 등록한 고객에게는 '믿고 등록해 주셔서 감사드린다'라고 문자를 남겼습니다. 이를 중개업으로 가져와서 매물을 접수한 고객에게 '믿고 의뢰해 주셔서 감사드리며 신속한 거래를 위해 최선을 다하겠다', 매수 또는 임차 의뢰 고객에게는 '좋은 집(상가)을 찾아 드릴 수 있게 최선을 다하겠다'라고 문자를 남기고 있습니다.

방문 고객이면 방문 당시, 전화 상담 고객이면 통화 종료 시 당연히 감사 인사를 하지만 한 번 더 문자를 남김으로써 해당 고객에게 각별히 신경 쓰겠다는 인상을 남길 수 있습니다. 우리 입장에서는 복사 붙여 넣기로 보내는 형식적인 문자이고 고객도 이를 알겠지만, 보내는 곳과 그렇지 않은 곳이 있기 때문에 간단한 문자 메시지만으로도 차별성을 보여 줄 수 있습니다.

저는 방문 직후나 전화 상담 직후보다는 퇴근 전이나 다음 날 아침 문자를 보내는데, 이때까지도 고객님을 기억하고 있다는 이미지를 심어 줄 수 있기 때문입니다. 고객 입장에서는 잊을 만할 때 메시지를 받아 볼 수 있으니 보다 효과적일 수 있습니다.

2) 자료 보내기

저는 매물 접수나 의뢰를 받으면 감사 문자와 더불어 브리핑 자료, 블로그 포스팅, 관련 기사 중 의뢰 내용에 가장 부합하는 자료를 함께 보냅니다. 책의 앞부분에서도 감사 인사와 함께 관련된 포스팅을 공유함으로써 신뢰를 얻을 수 있다고 언급했지요.

개업공인중개사 입장에서 거래가 되기 전까지는 손님 손에 쥐어 줄 수 있는 것이 없습니다. 당연히 거래가 성사된 것이 아니기 때문에 금전적 가치가 있는 무언가를 주기에는 부담스럽죠. 말로 브리핑하고, 집을 보여 주고, 가격을 제시하는 등 우리의 전문성을 살려 상담하는 것이 전부입니다. 때문에 손님이 우리 중개사무소를 떠나면 자연스럽게 잊기 마련인데, 의미 있는 자료를 제공해 주었다면 달라질 수 있습니다. 물론 효과가 전혀 없는 경우도 있지만 적지 않은 확률로 다음 스텝으로 이어지기도 합니다.

사무실에서 열심히 브리핑한 자료가 있다면 프린트해서 건네줄 수 있고, 유선 상담의 경우 이미지 파일로 만들어 문자로 보내 줄 수도 있습니다. 월세 매물을 찾는 손님에게 집 보러 갈 때 참고할 수 있는 체크리스트를 보내 줄 수 있고, 상가 매물을 접수한 손님에게 원상 복구에 대한 내용이나 월세 인상 기준과 관련된 내용을 보내 줄 수도 있습니다. 내가 직접 만든 자료가 없다면 기사 링크를 공유할 수도 있고, 광고 시 열람했던 등기부등본 PDF 파일을 보내 줄 수도 있습니다.

비용과 많은 시간을 들이지 않고도 자료를 공유할 수 있는 방법은 많기 때문에 이를 적절히 활용한다면 이제 막 중개업을 시작하신 분들도 빠르게 고객 신뢰를 쌓을 수 있습니다.

3) 광고 링크 공유

매물을 접수한 고객에게는 늘 광고 링크를 공유하고 있습니다. 주로 네이버 부동산에 광고를 올리기 때문에 N pay 부동산 링크를 공유합니다. 개업 초반에 이 작업을 진행하면서 놀랐던 점은 소유자들이 네이버 부동산 광고 현황에 큰 관심이 없다는 것이었습니다. 중개사무소 여러 곳에 의뢰를 했고, 심지어 그 시점이 꽤 오래 지났음에도 불구하고 내 매물이 어떻게 광고되고 있는지 대부분 잘 모르고 있었습니다.

저는 광고를 올린 후 신속한 거래를 위해 최선을 다하겠다는 멘트와 함께 광고에 추가하거나 빼고 싶은 사진 또는 문구가 있으면 알려 달라고 문자를 보냅니다. 동시에 링크를 공유하죠. 대부분 좋은 반응을 보이며 가끔 문구 수정을 요청하는 경우도 있습니다. 의뢰인과 함께 광고 문구를 체크하고 신뢰도 쌓을 수 있는 방법이죠. 이 과정을 통해 중개사무소 여러 곳에 의뢰한 고객에게 특별히 신뢰할 수 있는 중개사무소로 선택이 되기도 합니다. 차후 가격 조정을 하거나 본 매물에 대해 상담이 필요할 때 우선적으로 연락을 받을 수 있습니다.

4) 매매 고객 관리

매도 고객에게는 양도소득세 예정 신고·납부 기한을, 매수 고객에게는 취득세 신고·납부 기한을 알려 줄 수 있습니다. 매수 고객은 일반적으로 잔금일에 소유권이전등기와 함께 취득세를 신고·납부하기 때문에 이를 알려 줄 일이 많지 않지만, 매도 고객의 양도소득세 예정 신고·납부 기한은 미리 알려 주는 것이 좋습니다.

단, 구체적인 세무 상담을 진행하거나 이를 표시하는 것은 세무사법에 위반되는 행위로 처벌될 수 있기 때문에 각별히 주의하셔야 합니다.

그리고 실거주 목적의 매수 고객에게는 이사업체, 청소 업체, 인테리어 업체 등을 소개할 수 있습니다. 다만 이 경우에는 영업 목적으로 의심받거나 비싼 견적을 이유로 원망을 들을 수 있기 때문에 고객에게 직접 알아보게 한 후 마땅한 곳을 못 찾은 경우에 한해 소개하는 것이 좋습니다. 그리고 반드시 두 곳 이상을 소개하는 것이 좋습니다.

매매 고객 중 특히 매수 고객과는 신뢰 관계를 잘 쌓는 것이 필요한데, 언젠가는 나의 매도 고객이 될 수 있기 때문입니다. 상황에 따라 임대 고객이 될 수도 있고요. 매매 고객은 사후 관리보다 계약 과정에서의 관리가 훨씬 더 중요하기 때문에 거래 당시 최선을 다하는 것이 무엇보다 중요합니다.

5) 임대 고객 관리

주로 임대인을 관리하는 것을 의미합니다. 계약갱신요구권으로 인해 계약 주기가 2년이 될 수도, 4년이 될 수도 있지만 언젠간 만기가 돌아오죠. 이때 많은 공인중개사들이 각자 본인이 계약하기 위해 다양한 노력을 기울이는데, 최소한 남들이 하는 건 나도 한다는 생각으로 관리하는 것이 좋습니다.

월세의 경우 월차임이 미납되진 않는지, 세탁기나 에어컨 등 옵션에 이상은 없는지(보통 임차인을 통해 들음) 등을 체크할 수 있고 한파주의보 경보 시 동파 예방을 위한 행동 요령을 안내할 수도 있습니다.

그중에서 가장 중요한 건 만기일 체크입니다. 주택임대차보호법에 따라 임대인이 만기 6개월 전부터 2개월 전까지의 기간에 갱신 거절

(사진 23, 24) 한파 행동 요령

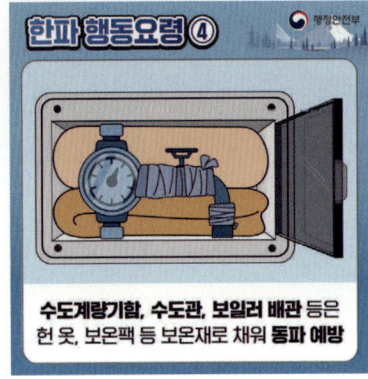

출처: 행정안전부

또는 계약 조건 변경을 통지하지 않으면 묵시적 갱신이 됩니다. 묵시적 갱신은 계약갱신요구권을 행사한 것으로 보지 않기 때문에 묵시적 갱신이 된 임대차 기간 만기 2개월 전까지 임차인이 계약갱신을 요구할 경우 정당한 사유 없이 거절할 수 없습니다. 만일 임대인이 최초 임대차 계약 이후 의도와는 다르게 갱신 거절 통지 기한을 놓쳤다면 임차인은 최대 6년까지(최초 2년+묵시적 갱신 2년+계약갱신 요구 2년) 거주할 수 있는 거죠.

물론 만기일 체크는 임대인 본인이 해야 하는 것이 맞지만, 지속적인 거래 관계를 유지하기 위해서는 이 부분을 공인중개사가 함께 관리해 주는 것이 좋습니다. 내가 관리하던 매물이 임대차 계약이 되었다면 임대인으로 하여금 만기 2개월 전까지 임차인에게 계약갱신요구권 행사 여부를 물어보도록 해야 합니다. 계약이 연장될 경우 묵시적 갱신이 되는 것보다 1회로 한정된 계약갱신요구권을 행사하도록 하는 것이 임대인에게 유리하기 때문이죠.

만약 다른 중개사무소의 매물로 공동 중개가 되었다면 임차인만 관리할 수 있기 때문에 내 손님인 임차인에게 계약갱신요구권과 묵시적 갱신에 대해 모두 설명하시면 됩니다. 그리고 상가 임대차 계약을 체결한 임차인이 내 손님이고 해당 점포가 이용 가능한 매장이라면 손님 입장이 되어 방문하는 것도 좋은 방법입니다. 특히 상가는 임대차 기간 중 매물로 나오는 경우가 많기 때문에 꾸준히 관계를 이어 가는 것이 좋습니다.

이처럼 임대 고객은 매매 고객에 비해 사후 관리가 중요합니다. 따라서 계약 체결 당시뿐만 아니라 꾸준한 소통을 통해 관계를 유지하는 것이 필요해요.

6) 의뢰 고객 관리

앞서 설명한 매매·임대 고객 관리가 계약 이후 시점에 초점이 맞춰져 있다면, 지금 말씀드릴 내용은 계약 이전 단계에서 고객을 관리하는 방법입니다. 매물을 접수한 고객은 하루빨리 좋은 조건으로 계약이 되기를 바랄 것이고, 매수 또는 임차 의뢰 고객은 내가 원하는 조건에 부합하는 매물을 찾고 싶어 할 것입니다. 이 본질을 잘 이해한다면 의뢰 고객을 관리하는 것은 그리 어려운 일이 아닙니다.

핵심은 '진행 상황을 공유하는 것'입니다. 매물을 의뢰한 손님에겐 광고 문의 건수와 내용을 토대로 피드백을 할 수 있고, 문의 손님 외에 따로 브리핑한 사실이 있다면 이를 알려 줄 수도 있습니다. 매수 또는 임차 의뢰 고객에겐 매물 현황을 공유할 수 있고, 만일 마땅히 브리핑할 매물이 없다면 원하는 매물을 찾는 것이 쉽지 않다고 연락할 수도 있습니다.

이렇게 의뢰인과 피드백을 주고받다 보면 신뢰가 쌓일 뿐만 아니라 내가 계약을 성사시킬 가능성도 올라가기 마련입니다. 하지만 모든 의뢰인과 이런 소통을 유지하는 것은 현실적으로 어렵겠지요. 따라서 우선순위를 정하고 선택과 집중을 해야 합니다.

우선순위를 정할 때 우리가 고려해야 할 것은 크게 두 가지, 중개보수와 거래 가능성입니다. 거래 가능성을 예측하는 것은 경험이 많은 공인중개사 입장에서도 결코 쉽지 않은 일이겠지만, 수많은 의뢰를 받는 공인중개사라면 반드시 해야 할 일이기도 합니다. 모든 매물과 손님을 놓치지 않겠다고 욕심내다 그 어떤 계약도 성사시킬 수 없는 상황이 벌어질 수 있지요.

따라서 나만의 기준을 세우고, 경험에 근거하여 우선순위를 정해야 합니다. 말로만 급한 것이 아니라 가격까지 급한 매물, 빠르게 입주해야 하는 손님, 가격 협의 여지가 있는 매물, 전속 매물보다 다수의 중개사무소가 광고하고 있는 매물이 저에게는 우선입니다. 각자 이렇게 기준을 세우고 중요도를 나누어 진행 상황을 공유하고 피드백을 주고받는다면 보다 효율적인 중개가 가능할 것입니다.

7) 직접 경험하기

경력이 오래된 공인중개사분들에게는 불필요하게 느껴질 수 있는 과정이겠지만 저는 개업 초기에 전입신고, 확정일자부여 신청, 주택 임대차 신고, 외국인 체류지 변경 신고, 국세 및 지방세 납세 증명서 발급, 확정일자 부여현황 발급 등 해 볼 수 있는 것은 최대한 경험했습니다.

전입신고나 외국인 체류지 변경 신고처럼 직접 할 수 없는 것들은 계약 이후 손님과 함께 진행했고, 납세 증명서 발급 등은 본인을 신청인으로 하여 진행했습니다. 반드시 거쳐야 할 과정이라고 생각하진 않았지만 분명 도움이 될 것 같아 시간을 냈고, 실제로 도움이 되었습니다.

중개업을 하다 보면 필연적으로 위 절차를 안내하게 되는데 내가 직접 경험해 본 것과 그렇지 않은 것은 말에서 느껴지는 신뢰감이 다를 수밖에 없습니다. 다이어트를 해 보고 몸을 만들어 봐야 트레이너를 할 수 있는 것처럼, 직접 해 봐야 정확하게 안내할 수 있을 거라는 생각에 가능한 범위 내에서 최대한 경험했습니다. 이는 온라인도 마찬가지인데, 예를 들어 정부24나 네이버 앱을 통해 한 번이라도 납세 증명서를 발급해 봤다면 미처 준비를 못 한 손님에게 온라인 발급을 안내하는 것도 그리 어려운 일이 아닙니다.

이렇게 직접 경험을 하다 보면 단시간에 처리가 가능한 일들이 있습니다. 그중에서 손님들이 어려움을 느낄 만한 일들은 동행하여 처리를 도와주는 것도 좋은 방법이 될 수 있어요. 중개보수 깎일 가능성도 줄어들고 때에 따라서 다른 고객을 소개받을 수도 있습니다. 저는 한국말이 서툰 외국인 유학생 손님과 계약을 할 때면 외국인 체류지 변경 신고를 도와주고 있는데 친구를 소개받은 경험이 여러 번 있습니다.

이처럼 손님 입장을 이해하고 시간을 효율적으로 활용한다면 적은 비용과 노력만으로도 고객 관리를 할 수 있어요. 중요한 건 습관을 들이는 것이므로 개업 초기부터 공인중개사로서 할 수 있는 것에 대해 고민하고 실천하는 노력이 필요합니다.

공동 중개

"멀리 가려면 함께 가라"

 중개업이 타업종과 다른 점 중 한 가지는 경쟁과 상생 관계가 공존한다는 것입니다. 바로 '공동 중개' 방식으로 계약 진행이 가능하기 때문이죠. 나에게 매물 또는 손님 둘 중 하나만 있어도 다른 중개사무소와 계약을 체결할 수 있습니다. 따라서 매물과 손님이 부족한 개업 초기에는 공동 중개의 중요성이 더욱 강조될 수밖에 없습니다.

 하지만 경력이 오래된 개업공인중개사 입장에서는 새로 오픈한 개업공인중개사와의 공동 중개가 꼭 필요하지도, 간절하지도 않습니다. 중개 방식, 인성 등 아무것도 모르는 상태에서 나와 공동 중개를 하는 것보다 이미 잘 알고 있고 친분도 있는 공인중개사와 공동 중개를 하는 것이 훨씬 편하겠지요. 따라서 처음 공동 중개를 요청하는 상황이라면 기본적인 매너를 지켜야 하는 것은 물론이고, 정중히 부탁하는 것이 필요합니다.

하지만 공동 중개를 요청하기 전에 선행되어야 할 일이 있습니다. 우리 지역의 중개사무소 현황을 파악하는 일이죠. 어디에 어떤 중개사무소가 있는지 알아야 공동 중개 요청도 할 수 있으니까요. 따라서 개업 전 시간 여유가 있을 때 인근 중개사무소 정보를 정리해 두는 것이 좋습니다. 오픈 직후에는 할 일이 산더미라 이 작업은 우선순위에서 밀릴 가능성이 높고, 결국 흐지부지 끝나 공동 중개 요청을 할 때마다 부랴부랴 알아봐야 하는 불편함이 생길 수 있어요. 때문에 책의 앞부분에서 개업할 지역을 정한 후 오픈 전까지 브이월드(http://www.vworld.kr/)를 통해 인근 중개사무소를 검색하여 정리하시라고 말씀드렸습니다.

가장 추천하고 싶은 방법은 개업 전 발품을 파는 단계에서 중개사무소 방문과 리스트 정리를 동시에 하는 것입니다. 이 두 가지를 동시에 진행하다 보면 인근 중개사무소 현황이 보다 선명해지는데, 이를 기반으로 개업 이후 활발한 공동 중개가 가능합니다. 개업 직후라면 당장 보유하고 있는 매물이 없기 때문에 공동 중개 위주로 진행할 수밖에 없고, 이 경우 인사를 나눴던 중개사무소를 통해 매물 공유를 부탁하는 것이 보다 수월하기 때문이죠.

제가 정리한 인근 중개사무소 리스트입니다. 매물장과 마찬가지로 구글 스프레드시트에 정리하고 있어요. 개업 전에는 브이월드를 참고

(사진 25) 인근 중개사무소 정보

N	중개사무소	성함 / 구분	연락처	소재지	기록
1	ㅇㅇㅇ부동산중개법인	ㅇㅇㅇ 대표 ㅇㅇㅇ 소공 ㅇㅇㅇ 보조원	032-ㅇㅇㅇ-ㅇㅇㅇㅇ 010-ㅇㅇㅇㅇ-ㅇㅇㅇㅇ	-	25.03.20.(전화) 오피스텔 공동중개 요청하심.
2	ㅇㅇㅇ공인중개사사무소	ㅇㅇㅇ 대표 ㅇㅇㅇ 소공	010-ㅇㅇㅇㅇ-ㅇㅇㅇㅇ 010-ㅇㅇㅇㅇ-ㅇㅇㅇㅇ	-	25.04.01.(전화) ㅇㅇㅇ 대표님과 아파트 전세 공동중개 완료.
3	ㅇㅇㅇ부동산중개	ㅇㅇㅇ 대표	010-ㅇㅇㅇㅇ-ㅇㅇㅇㅇ	-	25.04.09.(전화) 상가 임대차 매물 공유 부탁드림.
4	ㅇㅇㅇ공인중개사사무소	ㅇㅇㅇ 대표	010-ㅇㅇㅇㅇ-ㅇㅇㅇㅇ	-	25.04.11.(전화) 중동 ㅇㅇ-ㅇㅇ 문의(손님인척 전화).
5	ㅇㅇㅇ공인중개사사무소	ㅇㅇㅇ 대표 ㅇㅇㅇ 소공 ㅇㅇㅇ 보조원 ㅇㅇㅇ 보조원	032-ㅇㅇㅇ-ㅇㅇㅇㅇ 010-ㅇㅇㅇㅇ-ㅇㅇㅇㅇ 010-ㅇㅇㅇㅇ-ㅇㅇㅇㅇ 010-ㅇㅇㅇㅇ-ㅇㅇㅇㅇ	-	25.03.26.(전화) ㅇㅇㅇ 보조원 임장약속 갑자기 취소. 25.03.31.(전화) 단독주택 공동중개 요청하심.

출처: Google

하여 같은 법정동 내에 있는 중개사무소 정보를 정리했고, 이후 새로 오픈한 중개사무소가 있거나 법정동 외 중개사무소와 연락을 주고받으면 그때그때 업데이트를 했습니다.

　이렇게 리스트를 정리해 두고 공동 중개 관련 연락을 주고받으면 중개 방식 등을 기록하고 있습니다. 스프레드시트에 기록하였기 때문에 필요시 언제든지 확인할 수 있고, 직원이 있다면 교차 확인과 기록도 모두 가능하겠지요. 매너를 지키지 않거나 실수가 잦은 중개사무소가 있다면 그 내용을 기록으로 남겨야 대표와 직원 사이에 보다 정확하고 신속한 정보 공유가 이루어질 수 있습니다.

　이렇게 여러 차례 공동 중개를 진행하다 보면 자주 거래하는 중개사무소도 생기고, 가급적 공동 중개를 하고 싶지 않은 중개사무소도 생기기 마련입니다. 반대로 나 또한 누군가에게 공동 중개를 하고 싶은 공인중개사가 될 수도, 기피하는 상대가 될 수도 있습니다. 따라서 늘 기본적인 매너를 지켜 가면서 공동 중개를 하는 것이 중요해요.

1) 공동 중개 에티켓

(1) 전화 매너
(2) 시간 약속
(3) 명함 매너

공동 중개 시 지켜야 할 에티켓은 여러 가지가 있지만 다음 세 가지 사항은 특별히 주의를 기울이며 지키고 있습니다. 하나씩 살펴보죠.

(1) 전화 매너

다른 중개사무소에서 광고 중인 매물을 보고 전화하는 경우에는 처음부터 상호명과 함께 중개사무소라는 사실을 밝혀야 하고, 해당 매물이 공동 중개가 가능한지 물어봐야 합니다.

공동 중개를 목적으로 이용하는 부동산거래정보망에 매물을 등록한 경우라면 물어볼 필요가 없겠지만, 네이버 부동산 등 일반 광고 플랫폼을 통해 매물을 광고하는 것은 손님에게 직접 문의를 받기 위한 목적이기 때문에 반드시 공동 중개 가능 여부를 물어봐야 합니다.

공동 중개가 가능하다는 답변을 받았다면 우리 쪽 손님에 대한 정보를 가능한 범위 내에서 구체적으로 전달(입주 시기, 반려동물 유무 등)하고 궁금한 사항을 한 번에 물어보는 것이 좋습니다. 그리고 광고에 기재하지 않은 상세 주소(지번, 층수 등)를 물어보는 경우라면 알려 주지 않을 수 있다는 점(알려 주는 것이 의무가 아님)을 감안하여 정중하게 물어봐야 합니다.

이렇게 통화를 마쳤다면 문자로 명함을 전달하는 것이 좋습니다. 보통 상대방도 명함을 보내 주는데, 바로 저장하고 중개사무소 리스트에 미비된 내용(예: 전화번호, 직원 이름)을 기록하시면 됩니다.

(2) 시간 약속

상대방 측 중개사무소에서 나를 믿고 공동 중개 요청을 받아들인 만큼 시간 약속을 지키는 것은 매우 중요합니다. 각자의 손님과 일정을 조율하여 약속을 잡는 것이기 때문에 단독 중개에 비해 더 세심한 일정 확인이 필요하고, 변경될 경우 최대한 빠르게 알려 주는 것이 좋습니다.

내가 시간 약속을 지키더라도 우리 쪽 손님이 일정을 취소하거나 변경하면 상대방 측 중개사무소와 손님 일정에 차질이 생기는 것이기 때문에 약속 시간에 대한 고지를 정확하게 할 필요가 있습니다. 당일 일정이 잡힌 것이 아니라면 약속한 날짜에 한 번 더 확인하는 게 좋겠지요.
이렇게 중복해서 체크했음에도 불구하고 우리 측 손님의 사정으로 일정이 변경되거나 취소되는 경우가 생길 수 있습니다. 이 경우에는 내 잘못의 유무와 관계없이 정중히 사과하고 사유를 솔직하게 밝히는 것이 좋습니다.

(3) 명함 매너

　공동 중개 시 상대방 측 손님에게 명함을 건네는 일은 없어야 합니다. 먼저 주지 않는 것은 당연하고 상대방 측 손님이 요청하더라도 정중히 거절하고 상대방 측 중개사무소를 통해 이야기가 전달될 수 있도록 해야 합니다.

　많은 공인중개사분들이 중개업을 처음 시작할 때 실수하는 부분이고, 저 또한 미리 알고 있지 않았더라면 자칫 실수할 수 있는 상황이 여러 번 있었습니다. 제 사무실에서 자연스럽게 명함을 가져가려는 손님도 있었고 상대측 공인중개사가 잠시 자리를 비웠을 때 명함을 요청하는 경우도 있었습니다.
　이 경우 별다른 설명 없이 단호하게 거절하면 기분 나쁠 수 있으니 관례상 드릴 수 없게 되어 있다고 말씀드리고 더 궁금한 내용이나 필요한 사항이 있다면 상대측 공인중개사를 통해 전달 부탁드린다고 안내하시면 됩니다.

　단순히 명함뿐만 아니라 상대측 손님에게 연락이 필요한 경우에도 마찬가지입니다. 계약 이후라면 계약서에 당사자 연락처가 모두 기재되어 있기 때문에 자칫 바로 연락하는 실수를 할 수 있는데 이 경우에도 상대측 중개사무소를 통해 내용을 전달하는 것이 바람직합니다.

2) 상생

앞서 말씀드렸듯 중개사무소는 상호 간 경쟁과 상생 관계가 공존합니다. 따라서 정당한 방법으로 경쟁하는 것도 중요하지만 나와 협업할 수 있는 중개사무소를 만드는 일도 그에 못지않게 중요하죠. 특히 오픈한 지 얼마 안 된 중개사무소라면 부지런히 협업 파트너를 만드셔야 합니다. 기억하셔야 할 점은 우리가 먼저 손길을 내밀어야 한다는 사실입니다. 이미 끈끈한 관계를 맺고 있는 많은 중개사무소 사이에 오픈했고, 그들과 상생 관계를 이어 나가야 한다면 먼저 다가가는 것이 당연하겠죠.

먼저 식사 요청을 하기도 하고, 단독 중개를 할 수 있는 매물이었지만 공동 중개로 계약을 진행하기도 했습니다. 컴퓨터가 먹통이 된 중개사무소 대신 등기부등본과 건축물대장을 열람하기도 했고, 물건지 중개사무소 대신 실측을 하기도 했습니다.

지킬 것 지켜 가면서 도움의 손길을 내민다면, 그리고 동시에 실력을 키운다면 언젠간 우리에게 먼저 공동 중개를 요청하는 중개사무소가 늘어날 수 있습니다.

프랜차이즈 창업 박람회

"중개업, 파이 넓히기"

인근 중개사무소 외에도 우리와 협업할 수 있는 분들은 정말 많습니다. 중개업을 하다 보니 법무사, 대출 상담사, 입주 청소업체, 인테리어 업체 등 다양한 분야의 전문가분들과 협업을 하게 되는데 저는 이 기록도 중개사무소 리스트와 마찬가지로 구글 스프레드시트에 정리해 두고 있습니다. 그중에서 가장 자주 업데이트되는 정보가 바로 프랜차이즈 리스트입니다.

주 중개대상물이 아니더라도 상가 중개를 하시는 분들이라면 프랜차이즈와 접점이 생길 기회가 분명 있는데, 이 기회를 잘 살리면 중개 범위를 크게 넓힐 수 있습니다. 프랜차이즈는 보통 가맹점을 늘리는 목표를 갖고 있기 때문이죠. 하지만 중개 경험이 많지 않은 공인중개사의 경우 프랜차이즈에 대한 정보가 부족할 수밖에 없습니다. 저 또한 마찬가지였고요. 그래서 생각한 것이 바로 프랜차이즈 창업 박람회 관람이었습니다.

(사진 26) 제74회 프랜차이즈 창업 박람회 2024

　네이버에 검색하면 프랜차이즈 창업 박람회 일정을 한눈에 확인할 수 있는데 코엑스, SETEC 등 다양한 곳에서 진행이 됩니다. 각 창업 박람회 홈페이지를 통해 기간, 부대행사 등을 확인할 수 있고 참가 신청도 할 수 있습니다. 가장 중요한 건 참가 업체를 확인하는 일인데 가급적 많은 업체가 참가하는 박람회에 다녀오시는 것이 좋습니다. 우리가 프랜차이즈 박람회에 가는 주된 목적이 신생 프랜차이즈를 파악하고

담당자 연락처를 확보하는 것이기 때문이죠.

　창업 박람회 참가 업체 리스트를 보면 이미 대중에게 알려지고 많은 가맹점이 확보된 프랜차이즈보다 홍보를 통해 가맹점주를 확보하고 가맹점을 늘려야 하는 업체들이 많습니다. 따라서 이들과의 접점을 만든다면 새로운 중개의 기회를 만들 수 있습니다.

1) 빠르게, 그리고 많이

　우리는 직접 창업할 프랜차이즈를 찾기 위해 박람회에 가는 것이 아닙니다. 따라서 예비 가맹점주와는 다른 목적의식을 갖고 관람하는 것이 좋은데 포인트는 빠르게 많은 부스를 방문하는 것입니다. 아무리 눈에 띄는 업체가 있어도 한곳에 너무 오래 머무르기보다는 카탈로그와 명함만 빠르게 받고 다음 부스로 넘어가는 것이 좋습니다.
　부스에 방문하면 먼저 상가 중개 전문 공인중개사라고 밝히고 입지 제안을 받는지 물어봅니다. 안 받는다고 하면 다음 부스로 넘어가면 되고, 받는다고 하면 최소 면적과 권장 면적, 주차장 필수 여부 등을 간략하게 물어보고 그 자리에서 메모하는 것이 좋습니다. 참고로 해당 프랜차이즈 카탈로그에 메모해야 나중에 정리하기 편합니다. 여유가 된다면 내가 중개하는 지역에 해당 프랜차이즈 가맹점이 있는지 물어보고(각 지역의 가맹점 현황을 게시하고 있는 업체도 있음), 만약 있다면 거리 제한을 물어보시는 것이 좋습니다.

그리고 부스를 방문하는 과정에서 예비 가맹점주와 상담 중인 업체가 있다면 해당 업체는 나중에 방문하는 것이 좋습니다. 인력이 많이 투입된 경우라면 모르겠지만 배치된 인원이 모두 상담 중이라면 일단 보류하고 나중에 방문하는 것이 매너입니다. 프랜차이즈 입장에서 비싼 참가비를 지불하고 부스를 이용하는 목적은 예비 가맹점주들에게 업체를 홍보하는 것이니까요.

2) 다시 등장한 동기 찬스

창업 박람회에 가면 방문해야 할 부스도 많고 그만큼 받아야 할 홍보 카탈로그와 명함도 많습니다. 그 많은 부스를 혼자 돌아다니면서 질문도 하고 명함까지 주고받는 건 무리가 있습니다. 게다가 각 업체의 카탈로그까지 챙겨야 하니 가급적이면 누군가와 같이 가는 것이 좋겠지요. 이때 동기만큼 좋은 파트너가 없습니다.

목적이 같기 때문에 누구 하나 지루할 틈 없이 박람회를 관람할 수 있습니다. 카탈로그와 명함이 잔뜩 담긴 쇼핑백을 서로 들어 주고 지나친 부스를 체크할 수도 있습니다. 누군가 질문할 때 옆에서 바로 메모하는 것도 가능합니다. 받아 온 카탈로그를 문서로 정리하는 일도 분담해서 진행하면 훨씬 더 빠르고 쉽게 마무리할 수 있지요.

동기들과 함께 방문하여 효율적으로 박람회를 관람했던 경험이 있기 때문에, 합격자 모임에서 최소 1년에 한 번씩은 창업 박람회 관람 일정을 잡을 계획입니다.

3) 업체 리스트 정리

이제 열심히 받아 온 카탈로그를 정리하시면 됩니다. 엑셀이나 구글 스프레드시트 등 본인이 정리하기 편한 방법으로 문서화하시면 되는데, 먼저 업종별로 작성하시고 홈페이지, 담당자 연락처, 이메일, 최소 면적이나 권장 면적 등 메모한 내용을 꼼꼼하게 기록하시는 것이 좋습니다.

경험상 카탈로그와 명함이 따로 있으면 정리할 때 불편하기 때문에 스테이플러를 미리 가져가서 받을 때부터 묶어서 챙겨 오시는 것이 좋습니다.

이렇게 정리한 업체 리스트를 기반으로 입지 제안도 하고 적극적으로 소통을 하다 보면 정보를 업데이트해야 할 내용이 생기는데 그때그때 입력해 두는 것을 추천드립니다. 그리고 우리 지역의 가맹점 현황을 미처 물어보지 못한 업체가 있다면 프랜차이즈 홈페이지를 통해 확인할 수 있습니다. 오픈 예정인 가맹점은 일반적으로 네이버 지도에 노출되지 않기 때문에 홈페이지를 통해 확인하는 것이 보다 정확합니다.

만일 주 중개대상물이 상가라면 박람회에서 알게 된 프랜차이즈 외에도 관심을 기울이는 게 좋습니다. 예를 들어 지역 내에서 눈에 띄는 프랜차이즈를 발견했다면 홈페이지나 가맹문의 연락처를 기록해 두었다가 좋은 자리가 있거나 가맹점주로 소개할 만한 손님이 있을 때 연락하는 방법도 있겠죠.

이렇게 내가 먼저 적극적으로 움직이면 분명 중개의 범위를 넓힐 수 있는 기회가 옵니다.

4) 입지 제안

프랜차이즈 창업 박람회 관람의 종착지는 입지 제안입니다. 결국 내가 보유하고 있는 매물에 프랜차이즈가 오픈을 해야 목적이 달성되는 것이죠.

① 프랜차이즈 본사는 좋은 자리에 가맹점을 오픈하는 것

② 공인중개사는 내가 보유하고 있는 매물로 계약이 체결되는 것

이 두 가지가 핵심입니다.

따라서 업체에 효율적으로 입지 제안을 해야 합니다. 정확하고 간결한 정보를 문서화하여 전달해야 하고, 이를 짧은 시간에 작성할 수 있어야 합니다. 이 시간이 오래 걸리면 많은 곳에 전달하는 것도 어렵고 입지 제안을 지속하는 것도 어렵습니다.

정해진 양식에 면적, 임대 조건 등 필요한 내용만 수정하여 작성하는 것이 좋겠지요. 양식은 파워포인트나 엑셀로 만드셔도 좋고 미리캔버스 등 디자인 툴을 활용하시는 것도 좋은 방법입니다. 동일한 양식으로 한두 번 입지 제안서를 만들다 보면 시간이 단축되기 때문에 짧은 시간 많은 업체에 전달할 수 있어요.

이 과정이 익숙해지면 잘 정리된 상권 분석 정보도 함께 보내는 것이 좋습니다(상권 분석 방법은 다음 목차에서 설명). 프랜차이즈는 일반적으로 업체마다의 상권 분석 기준이 있고, 이를 담당하는 직원도 있기 때문에 공인중개사가 정리한 상권 분석 자료가 크게 의미 없다고 생각하실 수 있습니다. 저 또한 같은 생각이었지만 상권 분석 자료를 함께 전달하는 편이 회신율이 높았습니다. 그리 오래 걸리는 작업이 아니기 때문에 덧붙여서 전달한다면 보다 효율적인 입지 제안이 될 수

있습니다.

   이렇게 제안한 매물이 업체 측에서도 마음에 들었다면, 그리고 해당 지역에 오픈을 희망하는 예비 가맹점주가 있다면 계약 성사 가능성이 높아집니다. 물론, 예비 가맹점주 입장에서도 그 자리가 마음에 들어야 합니다.

   프랜차이즈를 대상으로 상가 중개를 하다 보면 본사 또는 예비 가맹점주 둘 중 하나가 마음에 들어하지 않아 계약이 성사되지 않는 경우가 있는데 이 경우의 수를 전부 따지다 보면 일을 진행할 수가 없습니다. 되든 안 되든 과감하게 제안하는 것이 필요하고, 성사되는 건수를 늘리기 위해 많은 곳에 제안을 하는 것이 중요합니다.

   이와는 다른 경로로 계약이 체결되는 경우가 있는데, 내가 직접 손님에게 프랜차이즈 창업을 제안하는 경우입니다. 개인 창업 예정인 손님에게 프랜차이즈를 소개하거나, 이미 프랜차이즈 창업을 계획하고 있는 손님에게 다른 업체를 소개하는 방식입니다. 물론 손님과 자리를 정하는 것이 우선이고, 추천하는 프랜차이즈가 내 생각에도 장점이 뚜렷한 경우에만 제안하는 것이 좋습니다. 때에 따라서 해당 업체의 가맹점으로 계약이 성사되면 소정의 소개비를 받는 경우도 있으니 상황에 맞게 중개하시면 됩니다.

5) 창업 박람회를 통해 얻을 수 있는 것

주목적은 입지 제안을 통해 계약을 성사시키는 것이지만 이 밖에도 얻을 수 있는 것이 분명 있습니다. 특히 상가 중개를 하시는 분들이라면 창업 트렌드를 알고 있는 것이 좋은데, 유행하는 업종과 빠르게 늘어나고 있는 업체를 알고 있으면 이를 중개에 활용할 수 있기 때문이지요.

창업 트렌드를 빠르게 확인할 수 있는 방법 중 하나가 창업 박람회에 다녀오는 것입니다. 관람을 하다 보면 유독 사람이 몰리는 업종이 있고, 눈에 띄는 업체가 있습니다. 트렌드를 파악할 수 있을 뿐만 아니라 가맹 사업에 대한 이해도 또한 높일 수 있기 때문에 꼭 한 번 다녀오실 것을 추천드립니다.

상권 분석

"차별화 전략, 말이 아닌 데이터로"

최근에는 상권 분석이 가능한 사이트가 넘쳐납니다. 마우스 클릭 몇 번이면 누구라도 전문가처럼 상권 분석을 할 수 있고 잘 정리된 자료도 만들 수 있습니다. 데이터 기반 상권 분석 자료가 넘쳐나는 시대에 살고 있는 만큼, 이를 활용할 수 있어야 효율적인 중개가 가능합니다.

말로만 하는 중개는 한계가 있으며, 내가 데이터를 활용할 수 있는데 사용하지 않는 것과 할 줄 모르는 것은 분명 다른 이야기입니다. 경력이 오래된 분들 중에는 데이터를 활용한 상권 분석이 필요 없다고 말씀하시는 분들도 계시지만, 적어도 우리 이야기는 아니어야 합니다. 그 분들은 이미 많은 매물과 손님을 확보하고 있기 때문에 이러한 방법을 몰라도 중개를 할 수 있지만, 그 틈에서 살아남아야 하는 신생 중개사 무소 입장에서는 경쟁에서 활용할 수 있는 무기가 필요하기 때문이죠.

많은 사이트를 모두 활용해야 하는 건 아닙니다. 내가 다루기 편한 사이트 몇 개를 능숙하게 활용할 수 있고 이를 기반으로 손님에게 브리핑을 할 수 있으면 됩니다.

(1) 소상공인 365
　　https://bigdata.sbiz.or.kr/
(2) 나이스비즈맵
　　https://m.nicebizmap.co.kr/
(3) 오픈업
　　https://www.openub.com/

저는 위 세 가지 사이트를 주로 활용하고 있습니다. 소상공인 365는 위치와 업종에 따른 매출을 비교하기 위한 목적으로, 나이스비즈맵은 도로별 유동 인구를 상세하게 보기 위한 목적으로 활용합니다. 마지막으로 오픈업은 특정 건물의 매출을 확인하기 위해 활용하고 있어요.

이 사이트들은 통신사, 카드사, 배달 플랫폼, 통계청, 국토부 등 다양한 기준 데이터를 활용하여 정보를 제공하기 때문에 공인중개사 입장에서 활용할 수 있는 폭이 넓습니다. 어떤 방식으로 활용할 수 있는지 구체적으로 살펴보겠습니다.

(1) 소상공인 365

(사진 27)

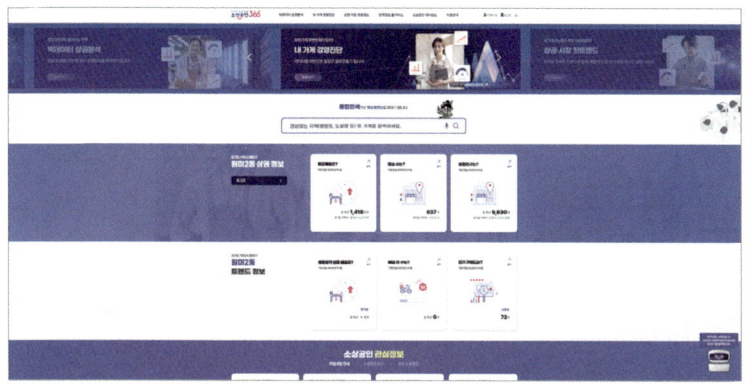

빅데이터 상권 분석이 간단 분석과 상세 분석으로 나뉘는데 로그인만 하면 상세 분석 리포트를 확인할 수 있습니다. 위치와 업종을 선택하고 분석하기를 클릭하면 자동으로 상권 분석 리포트가 생성됩니다. 이 리포트를 통해 해당 업종의 업소 수, 매출, 유동 인구와 주거 인구, 고객 특성 등을 확인할 수 있어요.

맨 처음에 나오는 업종 분석으로 업소 수, 증감률, 업력 현황(1년 미만~5년 이상)을 확인하고 경쟁 강도를 예측해 볼 수 있습니다. 그리고 매출 분석으로 업소당 월평균 매출액 추이와 시기별(주중/주말, 요일별) 매출액 및 매출 건수 비율을 알 수 있습니다. 다음으로 인구 분석과 지역 현황을 통해 월별 유동 인구, 시간대별 유동 인구, 그리고 성별과 연령대별 유동 인구까지 확인이 가능합니다. 추가로 방문 고객 분석(성별, 신규 고객과 단골 고객의 비율)과 배달 매출 분석까지 할 수 있습니다.

여기서 가장 중요한 건 매출과 유동 인구입니다. 위치를 기준으로 하여 내가 보유하고 있는 매물 두 곳 이상을 서로 비교할 수도 있고, 내 매물과 다른 중개사무소의 매물을 비교하는 것도 가능합니다. 내가 보유하고 있는 매물이 임대료가 높더라도 상권 분석 결과 매출도, 유동 인구도 모두 유리하다면 보다 설득력 있게 브리핑할 수 있겠지요. 말뿐만이 아닌 데이터를 기반으로 하여 브리핑하는 것이기 때문에 신뢰성도 높일 수 있습니다.

(2) 나이스비즈맵

나이스비즈맵은 도로별 유동 인구를 확인할 수 있다는 것이 가장 큰 장점입니다. 지도상에서 1등급부터 5등급까지 다른 색상으로 표시되는데 확대할수록 더 자세히 볼 수 있습니다. 지역을 선택할 수도 있고 지도를 움직여 '현 지도에서 검색' 기능을 활용할 수도 있습니다.

지역별로 일평균 유동 인구 등급 기준이 달라지는데 이를 적절히 활용하면 나에게 유리한 방식으로 브리핑을 할 수 있어요. 소상공인 365와 마찬가지로 내 매물끼리 서로 비교할 때 활용하기도 하고 내 매물

(사진 28)

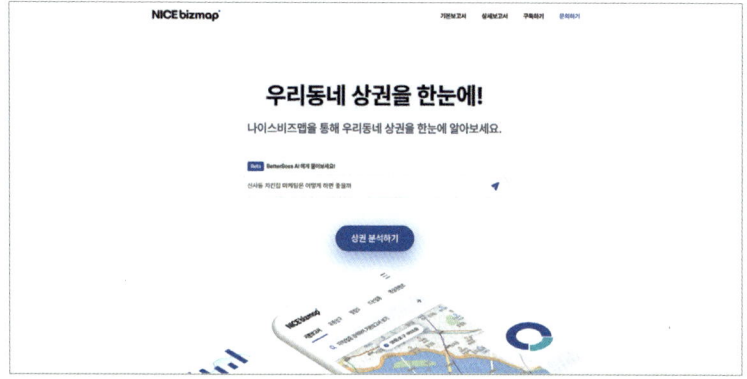

과 다른 중개사무소의 매물을 비교할 때 활용하기도 합니다.

그리고 업종별 밀집도 확인도 가능한데 분석 지역과 업종을 선택하면 점포 밀집 수(1곳~5곳 이상)를 위치별로 구분하여 볼 수 있습니다. 이 기능과 소상공인 365 업종 분석 중 다루기 편한 방법으로 경쟁 강도를 예측하고 브리핑에 활용하시면 됩니다.

(3) 오픈업

건물과 매장 기준으로 매출을 확인할 수 있는 것이 특징입니다. 또한 건물을 중심으로 거주 중인 인구수와 1인 가구 비율 등을 파악할 수 있어요.

(사진 29)

    업종과 건물을 선택하면 매장 목록과 매장 추정 매출을 확인할 수 있습니다. 해당 매장 매출의 주요 시간대, 남녀 연령대별 결제 비율, 그리고 혼인 여부와 자녀 유무에 따른 결제 비율까지 정말 다양한 통계를 확인할 수 있습니다. 또한 건물에 생긴 신규 매장도 조회할 수 있고 주거 인구 현황(성별, 연령대별, 1인 가구와 그 외 비율 등)도 확인이 가능합니다.

    손님과의 몇 차례 미팅을 통해 매물 선택의 폭이 좁혀졌을 때 마지막 단계에서 주로 활용하는 사이트입니다. 어디까지나 추정 매출일 뿐이고 업종에 따라 편차가 큰 경우도 있지만, 오류가 있을 수 있다는 가능성을 감안하고 브리핑에 활용한다면 충분히 유의미한 자료가 될 수 있습니다.

참고로 오픈업은 자영업자 대부분이 알고 있는 사이트이기 때문에 손님이 이미 알고 있을 것이라는 예상을 하고 브리핑하시는 게 좋습니다.

1) 상권 분석 활용하기

상권 분석 자료를 효율적으로 활용하기 위해서는 두 가지가 가장 중요합니다. 첫 번째는 사이트 활용에 익숙해지는 것, 두 번째는 자료를 만드는 능력입니다.

평소에 다뤄 본 적 없는 사이트를 손님 브리핑 시 활용하게 되면 자연스럽게 상담을 진행하는 것이 어려울 수밖에 없습니다. 따라서 개업 초기 매물이 많이 없을 때 상가 임대 의뢰를 받으면 몇 가지 업종을 예시로 상권 분석을 해 보시는 것이 좋습니다. 저는 이 분석 결과를 블로그에 포스팅하면서 간접적으로 브리핑 연습을 했는데, 이 과정이 추후 손님을 대상으로 브리핑을 할 때 큰 도움이 되었습니다.

그리고 뒤에서 언급할 몇 가지 목적 외에는 자료를 만들어서 활용하기보단 상담 시 그때그때 사이트에 접속하여 브리핑하는 경우가 많습니다. 따라서 사이트 활용만 익숙해져도 중개 현장에서 상권 분석을 이용하기에 무리가 없을 것입니다.

파일로 만든 상권 분석 자료는 프랜차이즈에 입지 제안을 하거나 손님에게 몇 개의 매물을 추려서 브리핑할 때 활용됩니다. 때에 따라서는 방문 손님에게 프린트하여 제공하기도 합니다. 핵심은 속도입니다. 완벽하고 거창한 자료를 만드는 게 중요한 것이 아니라, 단시간에 만들 수 있는 능력이 필요합니다.

하루에도 수많은 문의 전화를 받고 지속적으로 매물이 접수됩니다. 이를 통해 많은 손님과의 접점을 만들어 내야 하는 우리 입장에서는 방대한 자료를 만드는 것보다 일정한 양식만 갖추고 그때그때 빠르게 수정하는 것이 보다 효율적이겠지요. 이 작업이 익숙해지면 브리핑 자료를 만드는 것 외에도 블로그 포스팅, 플레이스 소식 등 다양한 경로로 응용할 수 있습니다. 특히 상권 분석 자료를 사례와 함께 온라인에 게시하는 것은 검색을 통해 많은 사람들에게 노출될 수 있다는 점에서 매우 효과적입니다. 또한 같은 업종으로 창업하려는 손님 문의가 왔을 때 해당 게시글을 공유하여 신뢰를 얻을 수도 있습니다.

2) 차별화

상권 분석에 익숙해지면 나를 차별화할 수 있습니다. 창업을 계획 중인 손님 입장에서 신뢰할 수 있는 공인중개사가 될 수 있고, 반드시

문의해야 하는 중개사무소로 자리 잡을 수 있습니다.

　어디를 가든 중개사무소가 널려 있는 상황에서 우리 중개사무소만의 장점, 나만의 무기는 반드시 필요합니다. 그래야 우리 사무실에서 상담받아 보시라고 자신 있게 이야기할 수 있고, 여러 중개사무소를 돌다 결국 우리 사무실에서 계약하는 상황을 만들 수 있습니다. 상권분석 스킬은 이제 막 중개업을 시작한 분들에게 분명 유용한 무기가 되어 줄 수 있을 것입니다.

전자계약

"점점 늘어나는 전자계약 수요, 변화에 대응하기"

또 다른 차별화 전략입니다. 개업공인중개사라면 누구나 전자계약을 체결할 수 있지만, 아직까지는 활용률이 높지 않은 상황(24년 상반기 기준 4.93%: 국토교통부 공식 블로그, https://blog.naver.com/mltmkr)이기 때문에 이를 잘 활용한다면 유의미한 차별화 전략이 될 수 있습니다.

(사진 30) 전자계약 실적

구분			'16	'17	'18	'19	'20	'21	'22	'23.	'24.上
전자계약 활용률(A/B)			0.23%	0.28%	0.77%	1.83%	2.50%	3.16%	3.94%	4.67%	4.93%
전자계약 건수 (A)	합계		550	7,062	27,759	66,148	111,150	141,533	164,227	180,966	100,413
	민간	중개거래	59	523	2,811	2,742	3,028	3,578	6,738	19,725	27,325
		기타		14	2,585	4,211	6,964	7,093	19,385	10,210	11,572
	공공		491	6,525	22,363	59,195	101,158	130,862	138,704	151,031	61,516
부동산거래량(B)			242,430	2,536,640	3,615,460	3,617,116	4,443,061	4,482,658	4,163,721	3,872,480	2,037,105

출처: 국토교통부 공식 블로그, https://blog.naver.com/mltmkr

1) 전자계약 혜택(2025년 4월 28일 기준)

- 임대차(임차인)
① 시중 은행(10곳) 대출금리 0.1~0.2%p(은행별 상이) 인하
② HUG 버팀목 대출이자 0.1%p 인하
③ HUG 전세 보증료 3% 할인
④ HF 전세 보증 보증료율 0.1%p 인하
⑤ 임대차 신고, 확정일자부여 자동 신청

- 매매(매수인)
① 시중 은행(10곳) 대출금리 0.1~0.2%p(은행별 상이) 인하
② HUG 디딤돌 대출 이자 0.1%p 인하
③ 등기 대행 수수료 30% 절감

- 공인중개사
① 실거래 신고 자동 신청
② 계약서 5년 서면 보관 의무 면제

전자계약 시스템을 활용하면 정부 입장에서 부동산 거래 현황을 바로바로 확인할 수 있기 때문에 대출 우대 금리 등 다양한 혜택을 제공하며 이를 적극 권장하고 있습니다. 물론, 주거용 계약 위주로 혜택이

제공되고 혜택의 이점이 임차인과 매수인에게 쏠려 있다는 한계는 있습니다. 때문에 집주인 입장에서는 전자계약을 꺼리는 경우가 있어요.

하지만 도장 없이 계약이 가능하고 계약서 보관도 불필요하기 때문에 집주인 입장에서도 편리하다는 장점이 있습니다. 게다가 주택 전·월세 계약 신고제 과태료 유예 종료가 예정되어 있는 만큼 임대차 신고 자동 신청은 임대인에도 분명 장점이 될 수 있습니다. 따라서 매도인과 임대인을 잘 설득하여 전자계약을 체결한다면 계약 당사자와 공인중개사 모두에게 좋을 수 있겠지요.

2) 마케팅 효과

보신 것처럼 전자계약은 임차인과 매수인에게 실질적인 혜택이 있습니다. 이 혜택을 알고 있는 의뢰인들 중에는 전자계약이 가능한 공인중개사를 찾는 경우가 있는데, 이 케이스가 점점 늘어나고 있습니다. 그리고 누구든지 국토교통부 전자계약 시스템 홈페이지에서 전자계약이 가능한 중개사무소를 찾을 수 있고, 전자계약을 1회 이상 체결한 공인중개사도 확인할 수 있습니다.

참고로 브이월드, 서울 부동산 정보 광장, 경기 부동산 포털 등에서도 확인이 가능한데 최근 1년 이내 전자계약을 1회 이상 체결한 공인중개사만 전자계약 가능 업소로 표시됩니다.

(사진 31) 국토교통부 전자계약 시스템 중개사무소 찾기

따라서 전자계약이 가능한 것만으로도 차별화가 가능합니다. 위 사이트에 검색이 되는 것 외에도 블로그, 스마트플레이스 등에 홍보하는 것이 가능하고 네이버 부동산 등 광고 플랫폼에 매물을 올릴 때도 표시가 가능하겠죠. 점점 많은 중개사무소가 이를 활용하고 있고, 저도 '전자계약 가능'이라는 문구 덕분에 계약한 사례가 여러 번 있습니다.

3) 전자계약 시작하기

효과가 확실하다면 바로 시작해야겠죠. 손님이 전자계약 가능 여부를 물을 때 부랴부랴 준비하시기보단, 미리 준비해 놓고 마케팅에도 활용해 보세요. 그리 어렵지 않습니다.

① 공인중개사 회원가입
② 공동인증서 신청
③ 공동인증서 등록

위 순서대로만 진행하시면 되는데, 2번(공동인증서 신청)만 다소 복잡하게 느껴질 수 있습니다. 대면과 비대면 신청이 모두 가능하고 홈페이지 인증센터에 상세히 안내되어 있습니다. 금융 거래를 위한 은행용 인증서는 사용이 불가하기 때문에 반드시 공인중개사용 인증서를 신청하셔야 합니다.

비대면 신청이 어려우신 분들은 한국공인중개사협회(전국 21개 협회지부) 방문 접수로 신청하시면 되는데 구비 서류를 준비해야 하니 홈페이지 인증센터에서 신청서 제출 방법을 꼭 확인하시기 바랍니다. 단, 한국공인중개사협회 비회원 중개사무소는 협회 방문 접수가 불가능합니다.
공인중개사 공동인증서 발급이 완료되었다면 회원 정보에서 공동인증서 등록만 하시면 됩니다.

그리고 미리 전자계약 연습을 해 볼 수 있는데 홈페이지 상단 전자계약 소개 메뉴에서 전자계약 연습을 클릭하고 계약서 유형을 선택하시면 됩니다. 물건 정보 조회로 부동산의 표시를 입력하는 것부터 계약 내용, 특약 사항 입력까지 연습할 수 있어요.

4) 전자계약 절차

공동인증서 신청과 등록만 마쳤다면 전자계약을 위한 준비는 끝났습니다. 계약 당사자는 본인 명의 휴대폰만 있으면 본인 인증을 통해 서명이 가능해요(도장 불필요). '부동산 전자계약' 앱을 설치하여 로그인하고 계약서를 확인한 후 전자 서명을 하면 됩니다.

- 계약 당사자 전자계약 서명 절차
부동산 전자계약 앱 로그인 → 계약 목록 조회 → 휴대폰 본인 인증 → 신분증 촬영 → 계약서 확인 → 전자 서명 → 계약서 서명 완료

계약 당사자는 전자 서명 전 앱을 통해 계약 작성자인 공인중개사, 계약서, 중개대상물 확인설명서, 공제증서 등 손해배상책임보증 가입 내역을 확인할 수 있습니다. 계약 당사자 서명 후 공인중개사가 확정 서명함으로써 전자계약이 완료됩니다.

완료된 전자계약 문서는 공인전자문서센터로 자동 이관되며, 5년간 보관됩니다.

5) 전자계약의 편리함

"거래계약서, 중개대상물 확인설명서 교부 및 보관 의무 면제"
"업무보증관계증서(공제증서 등) 교부 의무 면제"
"실거래가 신고 자동 신청"

전자계약은 계약 당사자에게도 혜택이 있지만 공인중개사에게도 장점이 있습니다. 무엇보다 실거래가 신고 자동 신청은 한 번만 경험해 봐도 그 편리함 때문에 전자계약을 선호하게 됩니다. 그리고 서명 및 날인, 계인과 간인을 생략하고 전자계약 서명만으로 계약 절차를 진행할 수 있는 것도 장점입니다.

만약 거래 당사자 주소 정정이나 잔금일 변경 등 계약서 정정 또는 변경 신고 사유가 발생한 경우에도 같은 절차로 손쉽게 처리할 수 있습니다(해제 신청도 가능).

최근에는 이런 편리함 때문에 의뢰인이 요청하지 않아도 제가 먼저 전자계약을 권유하고 있습니다. 물론 매수인과 임차인에게는 혜택도 당연히 설명합니다.

6) 전자계약 주의 사항

전자계약과 관련하여 몇 가지 주의하셔야 할 사항이 있습니다. 당연히 제가 느끼고 경험한 것들을 설명할 수밖에 없기 때문에 복잡한 사안이나 그 외 전자계약과 관련된 문의는 전자계약시스템 홈페이지를 참고하시거나 고객센터에 전화하시면 됩니다.

(1) 전자계약은 비대면 계약을 의미하는 것이 아닙니다

종이 계약서와 도장이 불필요한 계약일 뿐 나머지는 일반 계약과 동일하게 진행하셔야 합니다. 확인설명서 교부 의무가 생략될 뿐 중개대상물 확인·설명은 당연히 하셔야 하고, 거래 당사자 신분 확인도 당연히 하셔야 합니다. 신분증 진위 확인, 등기부등본과 건축물대장 등 설명 근거 자료 제시, 대리 계약 시 (본인 발급용) 인감증명서와 위임장 확인 등 모든 절차를 똑같이 밟으셔야 합니다.

물론 거래 당사자 일방이 외국에 있거나 중개사무소에 방문하기 어려운 상황이고, 거래 당사자 신분 확인을 확실히 할 방법이 있다면 비대면으로 계약하는 것도 가능합니다. 단, 이 경우에는 선택 사항인 신분증 촬영 절차를 반드시 요청하시는 게 좋습니다.

(2) 매수인이 외국인일 경우

외국인도 본인 명의 휴대폰만 있다면 전자계약이 가능합니다. 서명 단계에서 외국인등록증상의 영문 이름을 정확히 기입해야 하고, 띄어쓰기 여부를 부동산 전자계약 앱 로그인과 휴대폰 본인 인증 모두 같게 해야 합니다. 만일 로그인 시 띄어쓰기를 안 하고 본인 인증 시에는 띄어쓰기를 한다면 당사자 불일치로 인식하여 서명이 안 됩니다.

　매수인이 외국인이라면 거래 신고할 때 외국인 등록 사실 증명 또는 국내거소사실증명서를 첨부해야 하는데 전자계약은 실거래 신고가 자동 신청되기 때문에 신고관청에 서류 첨부 방법을 문의하셔야 합니다. 참고로 전자계약 접수 건은 부동산거래관리시스템에서 실거래 신고 내용을 수정할 수 없기 때문에 홈페이지에서 서류를 첨부하는 것이 불가능합니다.
　그리고 위 서류는 실거래 신고 시에도 필요하지만 소유권 이전 등기 신청 시에도 필요하니 미리 안내하여 계약서 작성일에 챙겨 오도록 하는 것이 좋습니다.

(3) 영수증

　계약금 등의 영수증이 필요한 경우에는 따로 프린트를 해야 합니다(영수증 전자 서명 불가). 발행인이 서명 또는 날인을 하고 매수인 또는 임차인에게 지급하면 되겠죠. 계약서와 확인설명서의 교부 의무가 생략되다 보니 영수증 지급을 깜빡할 수 있습니다.
　그리고 전자계약이 처음인 거래 당사자가 대부분이기 때문에 때에 따라서는 지급되는 서류가 없는 것이 허전하게 느껴질 수 있습니다. 보관과 교부 의무가 없을 뿐 계약서를 프린트하는 것은 가능하니 영수증과 함께 프린트한 계약서를 지급하는 것도 좋은 방법입니다.

(4) 모바일 활용이 서툰 고객

　모바일 활용이 서툰 고객이라도 공인중개사가 전자 서명 방법만 정확히 알고 있으면 안내하는 것이 어렵진 않습니다. 다만 주의해야 할 것은 방법을 알려 주되 대신하는 건 안 된다는 점입니다. 계약 의사를 서명하는 것이기 때문에 당연히 본인이 직접 해야 합니다.
　그리고 계약서를 정정 또는 변경, 해제해야 하는 사유가 발생했을 때도 본인이 직접 서명할 수 있어야 원활한 처리가 가능합니다.

(5) 공동 중개, 법무 대리인 선임

　공동 중개로 전자계약을 체결하기 위해서는 계약 작성 시 포함되는 공인중개사 모두 회원 가입 및 공동인증서 등록이 선행되어야 합니다. 따라서 공동 중개인 경우에는 미리 상대 중개사무소의 전자계약 가능 여부를 확인하셔야 합니다. 필요하다면 상대 공인중개사에게 공동인증서 등록 절차를 알려 줄 수도 있겠지요.

　그리고 전자계약 시스템 홈페이지에는 중개사무소뿐만 아니라 법무대리인을 찾는 기능도 있습니다. 우선 홈페이지 검색 기능을 이용해서 법무 대리인을 찾되, 등록되어 있지 않은 법무 대리인이라도 전자계약으로 체결한 매매 계약의 등기 업무가 가능할 수 있으므로 기존에 거래하는 법무사가 있다면 미리 물어보시기 바랍니다.

누구한테 물어봐야 할까

"잘 물어보고, 잘 찾아보기"

책의 앞부분에서 설명드렸듯 모든 것을 알아야 개업할 수 있는 것이 아닙니다. 우리는 공인중개사 시험에 합격했기 때문에 등록의 결격 사유가 없는 한 누구라도 개업공인중개사가 될 수 있습니다. 그럼에도 불구하고 많은 합격자분들은 개업하는 것을 두려워합니다.

경험이 부족하거나 전혀 없는 입장에서 손님을 응대하는 것, 계약서 쓰는 것, 집 보러 가는 것 등 모든 것이 두려울 수밖에 없죠. 저 또한 마찬가지였습니다. 하지만 열심히 외우고 암기 코드까지 써 가며 시험을 준비했던 상황과는 분명 다릅니다. 기본서를 찾아볼 수 있고, 검색이 가능하며, 전화해서 물어볼 수 있는 곳도 있습니다.

따라서 시험에 합격한 우리에게 중요한 건 더 이상 암기가 아니라 어디에서 찾아봐야 하는지, 누구한테 물어봐야 하는지 아는 것입니다.

이것만 정확히 알고 있으면 엉뚱한 곳에 질문하여 낭패를 보는 일은 겪지 않을 수 있습니다. 그리고 손님이 내가 모르는 내용에 대해 질문하면 즉답은 어렵더라도 시간을 두고 차분히 답변할 수 있습니다. 알아보고 연락드린다고 하면 되니까요. 만약 알아보는 것도 어려운 내용이라면 찾아봤지만 잘 모르겠다고 솔직하게 이야기하면 그만입니다.

개업한 지 얼마 지나지 않아 같이 공부했던 동기 공인중개사가 저에게 전화로 개업공인중개사 간판 규정에 대해 물은 적이 있습니다. 그리고 비슷한 시기에 또 다른 동기는 소속공인중개사의 연락처 등록 방법을 물어봤습니다. 눈치채셨겠지만 두 질문 모두 등록관청에 물어보면 간단히 해결될 수 있는 문제입니다. 저는 당연히 등록관청에 물어보라는 답변을 했고, 두 동기 모두 정확한 안내를 받을 수 있었습니다.
만일 제가 자의적인 판단으로 잘못된 답변을 했고 동기가 그 답변에 따랐다면, 간판 건은 최악의 경우 다시 제작해야 하는 상황까지 벌어질 수 있는 사안이었습니다. 극단적인 예시라고 생각하실 수 있겠지만 현장에서는 더 큰 책임이 따를 수 있는 일도 전혀 책임질 수 없는 주체에게 질문하는 경우를 자주 목격할 수 있습니다.

이 책에서 중개에 필요한 모든 문의처를 정리할 수는 없겠지만 개업 이후 실제로 문의했던 곳 위주로 각 문의처마다 무엇을 물어봤는지, 그리고 어떤 내용을 알 수 있는지 살펴보겠습니다.

1) 등록관청

　개업 이후 가장 많이, 그리고 자주 전화한 곳입니다. 주로 중개대상물의 표시·광고에 대해 질문했고 확인설명서 작성 시 헷갈리는 내용도 물어봤습니다. 개업 전에는 소속공인중개사의 표시·광고 가능 여부와 그 방법에 대해, 개업 준비 과정에서는 사무소 명칭과 관련된 간판 설치 규정에 대해 질문했습니다.

　그리고 등록관청이 부과 주체인 과태료나 업무 정지 등 행정 처분에 대해 궁금한 것이 있다면 이 내용도 등록관청에 문의하시면 됩니다.

2) 신고관청

　매매 계약 이후 거래 신고와 관련된 내용을 질문했습니다. 관계 지번을 입력하는 방법이 헷갈려서 전화했는데 상세히 알려 줬고, 매수인이 외국인일 경우 첨부해야 하는 서류에 대해서도 친절하게 답변해 줬습니다.

　거래 신고 관련 내용은 신고관청에 전화하시거나 국토교통부 부동산거래관리시스템 홈페이지를 참고하시면 됩니다. 참고로 등록관청은 중개사무소 소재지 기준이고 신고관청은 거래 부동산 소재지 기준입니다.

(사진 32)

국토교통부 부동산거래관리시스템: https://rtms.molit.go.kr/

3) 국세청 · 세무서

상가 중개를 하면서 문의할 일이 많습니다. 중개의뢰인이 하고자 하는 업종이 인허가 등이 필요한 경우 허가·등록·신고증 사본이 필요하죠. 하지만 우리가 모든 허가·등록·신고업종을 암기하고 있는 것은 아니기 때문에 정확히 알지 못하는 업종의 경우에는 국세청 또는 관할 세무서에 문의하시면 됩니다.

세금 계산서나 현금 영수증, 부가세와 관련된 질문도 국세청 또는 관할 세무서를 통해 하시면 됩니다. (중개보수) 현금 영수증 또는 세금계산서 발급, 오피스텔 기준시가 조회 등 국세청 홈택스는 접속할 일이 많기 때문에 즐겨찾기에 꼭 추가해 주세요.

(사진 33)

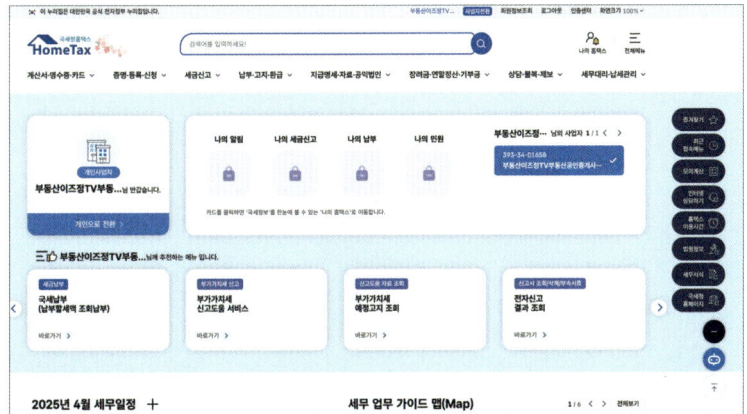

국세청 홈택스: https://hometax.go.kr/

4) 구청(또는 관할 지자체)

등록관청이나 신고관청도 결국 구청(또는 관할 지자체)이지만 담당하는 업무가 다르기 때문에 구분해서 보겠습니다.

국세청·세무서와 마찬가지로 상가 중개를 하는 과정에서 주로 문의합니다. 특정 업종이 해당 건축물 용도에 입점 가능한지 알아보는

데, 표시 변경 또는 용도 변경이 필요한 경우에는 담당자가 안내해 줍니다. 체육시설업, 식품접객업, 노래연습장 등 업종에 따라 담당자가 다를 수 있기 때문에 업종과 해당 건축물의 지번(또는 용도)을 특정하여 문의하셔야 합니다.

건축물대장 기재 내용에 문의 사항이 있거나 위반 건축물과 관련하여 궁금한 내용이 있을 때에도 구청에 전화하시면 정확한 안내를 받으실 수 있습니다.

5) 법무사

중개사무소와는 떼려야 뗄 수 없는 관계입니다. 일반적으로 중개사무소에서 매매 계약을 진행하고 잔금일에 맞춰 등기 업무를 요청하죠. 최근 셀프 등기가 급격히 증가하긴 했으나 아직도 많은 매수자분들은 법무사사무소에 의뢰하여 등기 업무를 처리합니다. 매수자가 직접 선임하는 경우도 있고, 중개사무소가 대신 선임하는 경우도 있습니다.

법무사사무소에서 등기 업무를 수행하다 보니 취득세 신고·납부도 함께 진행하는 경우가 많습니다. 취득한 날부터 60일 이내에 취득세를 신고·납부하는 것이 원칙이지만, 소유권이전등기 신청(매매) 시 취득세 영수필확인서가 필요하기 때문에 보통 잔금일에 일괄 처리합니다. 따라서 취득세에 대해 궁금한 내용이 있을 경우 의뢰한 법무사를 통해 확인하시는 방법도 있습니다. 물론, 구청 취득세과에 전화하셔도 됩니다.

흔한 경우는 아니지만 중개사무소에 상속·증여 소유권 이전 등기 관련 상담을 요청하는 경우가 있는데, 이 경우에도 평소 거래하는 법무사사무소 연락처를 알려 줍니다.

6) 대출 상담사

법무사사무소만큼 연락할 일이 많습니다. 매매와 전세는 대출을 받아서 진행하는 경우가 많기 때문에 대출 상담사분들의 자문이 필요한 경우가 많아요. 대출 종류도 워낙 많고 정부의 대출 정책도 시시각각으로 변하기 때문에 자문을 받을 수 있는 대출 상담사 몇 분은 알고 있는 것이 좋습니다.

은행별로, 대출 상품별로 한도와 금리가 다르기 때문에 여러 명의 대출 상담사를 알고 있으면 대부분 적절한 대출 상품을 안내받을 수 있어요. 그리고 대출 상담사 한 명이 여러 은행, 여러 지점의 대출 상품을 비교해 주는 경우도 있습니다.

대출 상담사 조회가 필요한 경우 은행연합회 홈페이지(https://www.loanconsultant.or.kr/)에서 확인하시면 됩니다. 등록 번호를 입력하면 증명사진, 계약 금융 회사, 위반 사항 등을 확인할 수 있습니다.

참고로 버팀목전세자금대출이나 디딤돌대출과 같은 주택도시기금 대출은 은행에서만 취급하기 때문에 직접 은행에 방문하여 상담받으셔야 합니다. 기금 e든든 홈페이지(https://enhuf.molit.go.kr/)를 통해 금리 한도, 요건 등을 미리 알아볼 수 있어요.

7) 세무사

주로 양도소득세 관련 자문을 구합니다. 자문받은 내용을 근거로 간단한 안내를 해 주기도 하지만 대부분 소개해 주는 역할을 합니다.

저는 부가세와 종합소득세 신고를 의뢰한 세무사에게 자문을 받거나 손님을 소개하는데, 이 때문에 중개사무소 개설 등록 후 양도소득세 업무가 가능한 세무사를 찾아 부가세 및 종합소득세 세무 대리를 의뢰했습니다.

중개업을 하다 보면 의뢰인이 세무 상담을 요청하는 경우가 종종 있는데, 다소 복잡한 세무는 세무사를 통해 상담받도록 하는 것이 좋습니다.

한국세무사회에서 중개사무소의 세무 상담, 양도세 신고 등의 세무 대리 행위 표시·광고를 삭제 요구하였고 이를 한국공인중개사협회에서 공지하기도 했습니다. 세무사법에 따라 처벌될 수 있다는 이유 때문인데, 처벌 가능성을 떠나 책임질 수 없는 답변은 가급적 피하는 것이 좋겠지요.

손님이 양도소득세, 부가세 등 국세에 대해 물어봤다면 국세청 상담전화(126번) 또는 관할 세무서를 안내하는 것도 좋은 방법입니다.

8) 주택도시보증공사(HUG)

전화보다는 주로 홈페이지를 참고합니다. 전세보증금반환보증 조건을 알아보기 위해 접속하는 경우가 많습니다. 신청 기한, 대상 주택, 조건, 주택 가격 산정 기준 등이 상세하게 안내되어 있으니 보증 관련 조회가 필요한 경우라면 홈페이지부터 참고하시는 것이 좋습니다.

홈페이지 내에서 자주하는 질문만 찾아봐도 웬만한 내용은 확인이 가능하기 때문에 전화로 문의할 일은 거의 없으실 거에요.

만약 한국주택금융공사(HF)의 전세지킴보증이나 서울보증보험(SGI)의 전세금보장신용보험이 궁금하신 경우라면 각 보증기관 홈페이지를 참고하시면 됩니다.

9) 한국공인중개사협회

공제사업, 연수 교육 등 협회에서 진행하는 업무에 대해 문의할 수 있으며 정회원인 경우 부동산 법률 상담이 가능합니다. 법률 상담의 경우 중개 실무, 세법, 공인중개사법 등 사안에 따라 별도의 게시판이 있고 전화 상담도 가능합니다.

또한 계약서, 확인설명서를 포함하여 각종 중개 서식을 다운받을 수 있습니다. 미납 국세 및 미납 지방세 열람 신청서, 임대차 정보 제공 요청서 등 중개에 필요한 서식을 대부분 찾을 수 있고 중개대상물 매물 광고 체크리스트 등 유익한 자료도 다양하게 게시되어 있습니다.

10) 렌트홈

주택임대사업자인 의뢰인과 계약할 때 참고합니다. 주택임대사업자인 임대인과 임대차 계약을 진행하는 경우 표준임대차계약서를 사용해야 하며 임대사업자 등록번호, 민간 임대주택의 종류 등 필수 기재 사항을 모두 입력해야 합니다. 표준임대차계약서는 민간 임대주택에 관한 특별법에 따른 법정 서식입니다. 필수 기재 사항도 많고 임대사업자의 설명 의무도 복잡하기 때문에 처음 써 보는 경우라면 당황하실 수 있어요. 따라서 임대인에게 임대사업자 등록증을 요청하여 미리

(사진 34)

렌트홈: https://www.renthome.go.kr/

작성하시는 게 좋습니다.

 또한 필요에 따라 임대보증금 일부보증 또는 보증 미가입에 대한 임차인 동의서를 작성하는 경우도 있는데 모두 렌트홈 홈페이지에서 다운받을 수 있습니다.

 그리고 렌트홈에서는 임대주택 찾기도 가능한데 지도 서비스 창을 띄워 놓고 지역만 선택하면 해당 지역에 있는 등록 임대주택을 찾을 수 있습니다. 상세 주소, 임대 종류, 임대사업자 구분, 의무 임대 기간 및 임대 의무 기간 개시일까지 확인이 가능해서 중개 시 참고할 수 있습니다.

또 자주 사용하는 기능은 임대료 인상률 계산입니다. 민간임대주택법과 주택임대차보호법 모두 임대료 증액 제한을 규정하고 있습니다. 근거 법령과 적용되는 기준이 다르지만 5% 범위는 동일하죠. 따라서 주택임대사업자인 임대인과의 계약이든 주택임대사업자가 아닌 임대인과의 계약이든 렌트홈을 통해 증액 후 임대료를 계산할 수 있습니다. 한국은행 기준 금리에 따라 월차임 전환 시 산정률이 계산되는데 이 부분도 자동으로 입력되어 있어서 계산이 매우 편리합니다. 단, 상가건물임대차보호법에서 규정하고 있는 월 차임 전환 시 산정률의 제한은 주택임대차보호법의 규정과 다르기 때문에 렌트홈으로 계산할 수 없습니다.

11) 질문을 통한 배움

앞에서 언급한 문의처 외에도 임대차분쟁조정위원회, 건축사사무소, 교육청 등 다양한 곳에 자문을 구할 수 있습니다. 그리고 시중에 출간된 서적과 각종 자료를 참고하여 문제의 해결책을 찾을 수도 있습니다.

늘 찾아보고 물어 가면서 중개업을 하시라고 말씀드리는 건 결코 아닙니다. 하지만 개업 초기에는 분명 필요한 과정이고 이를 통해 불안감과 낮은 자신감을 극복할 수 있습니다. 이렇게 하나씩 해결하면서 중개업을 이어 가다 보면 물어보는 일도, 찾아보는 빈도도 줄어들겠죠.

결국 100% 완벽히 알아야 중개업을 시작할 수 있는 것이 아니라, 어디에서 찾아봐야 하고 누구에게 물어봐야 하는지 명확하게 아는 것이 핵심입니다.

중개 사례

개업이 1년이 채 안 된 시점에서 중개 사례를 다루는 것이 조심스럽지만, 이제 막 합격한 공인중개사분들에게 창업까지의 과정을 소개하는 책인 만큼 기억에 남는 경험, 각별히 주의를 기울였던 사례, 실수를 통해 배운 점 위주로 몇 가지만 소개하겠습니다.

각론에 집중하시기보단 경험이 부족한 공인중개사 입장에서 문제를 해결해 나가는 과정과 경험을 쌓는 방법을 위주로 봐 주셨으면 합니다. 분명, 개업 직후 자리 잡는 과정이 두려운 공인중개사분들에게 힌트가 될 수 있을 것입니다.

1) 신탁 등기 부동산 중개

각별한 주의가 요구되는 계약입니다. 수탁자(신탁 회사) 앞으로 소유권이 넘어간 상황에서 위탁자의 의뢰로 진행되는 계약이기 때문에 소유자의 동의가 반드시 필요하며, 이를 신탁 원부와 신탁 회사의 담당자를 통해 확인하셔야 합니다.

우리가 접하게 되는 신탁 부동산은 대부분 담보 신탁입니다. 위탁자, 수탁자, 우선 수익자가 있으며 이를 이해하는 것이 첫 번째, 신탁원부를 확인하는 것이 두 번째입니다.

- 위탁자 : 원소유자
- 수탁자 : 신탁 회사
- 우선 수익자 : 금융 기관 등 채권자

일반적으로 원소유자인 위탁자가 중개 의뢰를 하는데, 등기부등본 열람 시 말소 사항 포함으로 체크해야 위탁자를 확인할 수 있습니다(현재 유효사항으로 열람 시 수탁자만 확인 가능). 신탁 부동산인 것을 확인했으면 신탁원부를 발급하여 계약 내용과 당사자(위탁자, 수탁자, 우선 수익자)를 확인해야 합니다.

(1) 매매 중개

얼마 전까지만 해도 법원 등기소에 가야 신탁원부를 발급받을 수 있었는데 현재는 인터넷 등기소에서도 열람이 가능합니다. 제가 처음으로 진행했던 신탁 등기 계약은 작년에 의뢰받은 매매 물건이었기 때문에 법원 등기소에 방문하여 신탁원부를 발급받았습니다. 사무실에 돌아와서 신탁원부 내용을 살펴보니 신탁 기간, 임대차, 신탁 종료, 특약사항 등 계약서의 내용이 자세하게 기록되어 있었습니다.

담보신탁 계약서의 내용을 확인하고 수탁자(신탁 회사)와 우선 수익자(금융 기관)에게 전화해서 위탁자를 매도인으로 하여 매매 계약을 체결해도 되는지 물었습니다. 연락하는 방법은 간단합니다. 신탁원부에 나와 있는 신탁 회사와 금융 기관을 각각 네이버에 검색해서 대표 번호로 전화하고 의뢰받은 중개사무소라고 밝힌 뒤 담당자를 연결해 달라고 하면 됩니다. 먼저, 해당 매물과 위탁자를 확인하고 계약 가능 여부와 방법을 안내해 줍니다.

매매의 경우라면 대부분 채무를 상환하는 조건으로 담보 신탁 계약 해지가 가능합니다. 이와 같은 안내를 수탁자와 우선 수익자에게 모두 받았다면 통화 내역을 잘 보관하고 말소 조건부로 계약하시면 됩니다. 잔금일 중개사무소에 매도인, 매수인, 공인중개사, 그리고 법무사가 모두 모인 자리에서 신탁 해지를 위한 상환 절차를 마무리하고 나머지 잔금을 처리하시면 됩니다.

① 우선 수익자를 통해 잔금일 기준 상환 원금과 상환 이자를 확인

② 채무액 상환 및 입금 확인
③ 잔금액에서 채무액을 제한 차액 지급

1~2번은 매도인인 위탁자를 통해 확인하는 것이 아니라 직접 확인하는 것이 좋습니다. 저는 소유권 이전 등기 업무를 의뢰한 법무사에게 요청하여 확인하고 있어요. 그리고 3번 차액은 가급적 많이 남겨두는 것이 좋은데, 이 액수가 적으면 적을수록 매도인인 위탁자가 비협조적으로 나올 가능성이 있기 때문입니다. 받을 돈이 있어야 앞의 절차에 협조적이겠죠. 따라서 이를 고려하여 계약금과 중도금을 설정하시는 것이 좋습니다. 계약금이 꼭 10%이어야 할 필요도 없고 중도금도 필수가 아니니까요.

(2) 임대차 중개

신탁 부동산은 경험상 매매보다 임대차가 더 어렵습니다. 전세 사기 피해가 끊이지 않고 있는 것이 첫 번째 이유이고 수탁자와 우선 수익자의 사전 동의를 득하기가 극히 어려운 것이 두 번째 이유입니다.

대부분의 담보 신탁 계약서에는 임대차 계약을 하기 위해 수탁자 및 우선 수익자의 사전 동의를 득하여야 한다고 규정하고 있습니다. 이를 무시하고 임차인과 위탁자가 임의로 체결한 임대차 계약은 수탁자에게 그 효력을 주장할 수 없습니다.

매매처럼 말소 조건부로 계약하는 것도 수탁자와 우선 수익자의 동의를 사전에 득하여야 한다는 계약 내용과 배치되기 때문에 함부로 진행할 수 없습니다. 그리고 월세는 일반적으로 보증금이 소액이기 때문에 잔금 시 채무액을 상환하는 것도 어려운 경우가 많습니다.

하지만 신탁 계약도 계약이기 때문에 앞의 내용과 다른 경우도 충분히 있을 수 있습니다. 어디까지나 일반적인 내용을 설명드렸을 뿐, 신탁 원부 발급과 수탁자 및 우선 수익자 확인을 통해 계약 가능 여부와 방법을 직접 체크하는 것이 필요합니다.

2) 이사 안내문

잔금일 공과금 등 이사 정산을 위해 방문했을 때 매도인이 직접 작성하여 엘리베이터에 부착한 이사 안내문을 봤습니다. 관리사무소가 따로 없는 빌라였기 때문에 소유자가 직접 부착한 것인데, 이것을 보고 내가 만들어서 부착하는 게 낫겠다는 생각을 했습니다.

안내문 만드는 것이 그리 어려운 일도 아닌 데다가 중개사무소 상호명과 연락처를 넣어 간접적으로 홍보할 수 있는 방법이라고 생각했습니다.

보통 이사 며칠 전에 안내문을 부착하여 엘리베이터 사용 등에 대해 양해를 구하죠. 따라서 이 기간 안내문 한 장으로 중개사무소를 홍보할 수 있습니다. 단순 매물 접수 광고가 아니라 이사 안내문을 부착한 것이기 때문에 세심한 서비스를 제공하는 중개사무소로 기억될 수 있겠지요.

관리사무소가 있는 경우에도 사전 동의를 받고 안내문을 부착할 때가 있습니다. 이때는 작게나마 사례를 하는 것이 좋습니다. 이렇게 하면 잔금 당일 공과금 정산 등 도움을 요청하는 것이 보다 수월하고, 다음 계약 때도 안내문 부착 동의를 받는 것이 쉽기 때문입니다.

이사 안내문은 제가 예상했던 것보다 효과가 좋았습니다. 매도 의사가 있었던 사람들은 같은 단지의 매물을 거래한 중개사무소에 자연스럽게 눈길이 가기 마련이고, 매물 접수로 이어질 가능성이 높습니다.

3) 소개 부탁하기

이사 안내문이 간접적인 홍보 수단이라면 소개 부탁은 직접적인, 그리고 적극적인 홍보 방법입니다. 트레이너 시절부터 쓰던 방법인데 이것을 잘 활용하면 그 어떤 수단보다 효과적인 홍보가 될 수 있습니다.

① 만족할 만한 서비스 제공
② 직접적인 소개 부탁

만족할 만한 서비스를 제공하는 것이 첫 번째입니다. 식당 음식이 맛있어야 맛집으로 소개를 하고 살이 빠져야 PT를 추천합니다. 마찬가지로 고객 입장에서 만족할 만한 중개 서비스를 제공해야 추천과 서비스로 이어질 수 있겠죠.

경험상 소개를 부탁하기 쉬웠던 경우는 원하는 가격에 팔아 주고 좋은 조건의 매물을 찾아 줬을 때입니다. 그리고 하나 더, 거래 과정에서 열심히 움직였을 때입니다. 매도인이든 매수인이든 공인중개사가 적극적으로 집을 보여 주고 계약까지 성사시켰다면 고마워하기 마련입니다. 이것이 중개보수 할인보다 더 강력한 도구라고 믿고 있으며 적극적인 소개를 부탁할 수 있는 근거가 됩니다.

매도인에게는 가계약금이 지급되었을 때, 계약서 작성 당일, 잔금일 이렇게 세 번 정도 부탁하고 매수인에게는 가격이나 조건 조율이 되었을 때, 잔금일 이렇게 두 번 부탁합니다.
임대인과 임차인에게도 동일한 방식으로 부탁하는데 상가 임차인에게는 개업을 준비하는 시기와 개업식 때 축하와 함께 소개를 부탁합니다.
상황마다 다르지만, 대부분 가계약금이 지급되거나 조건 조율이 이루어질 때 중개보수 협의도 함께 진행하며 플레이스 리뷰를 부탁하기도 합니다.

물론 계약이 성사되는 것이 가장 중요하지만, 계약 이후 그다음 거래를 위해 소개와 리뷰를 부탁하는 것도 잊지 말아야겠죠. 그리고 소개한 기존 고객에게는 감사 표현을 꼭 하시는 것이 좋습니다. 특히 소개로 계약이 체결된 경우라면 사례를 하는 것이 바람직합니다.

4) 공실 사진

멀리 거주하는 임대인의 물건을 거래하는 경우가 종종 있습니다. 한번은 기존 임차인의 만기 전 퇴실로 신규 임차인과의 계약을 진행한 적이 있는데, 일정상 집에 방문하기 어려운 임대인이 옵션, 벽지 등 내부 상태가 궁금하다며 전화를 했습니다.

그래서 기존 임차인 퇴실 후 보증금이 반환되기 전 집 내부를 꼼꼼하게 촬영하여 보낸 적이 있습니다. 사진을 확인한 임대인은 보증금을 반환하고 고맙다며 작은 선물까지 보내 줬습니다.

여기서 포인트는 집 내부 사진을 확인하고 보증금을 반환했다는 점입니다. 계약 종료 시 임차인은 부동산을 원상으로 회복하여 임대인에게 반환해야 할 의무가 있는데 이 부분이 지켜지지 않았을 때(수선 유지 불이행, 파손 등) 임대보증금에서 손해배상금 등을 공제하고 반환하는 경우가 있습니다.

그래서 임대인들은 가능하면 임차인 퇴거 시 집 내부 상태를 점검합니다. 하지만 멀리 거주하거나 일정을 맞추기가 어려워 방문하지 못할 수도 있겠죠. 이때 공인중개사가 앞의 사례처럼 대신 현장 확인을 하고 사진이나 영상을 보내 주는 것도 좋은 방법입니다.

그리고 주택이든 상가든 임대차 기간 종료 시 원상 회복의 기준을 문제로 다툼이 생기는 경우를 자주 볼 수 있는데, 이때 공실 상태의 사진이나 동영상을 갖고 있다면 분쟁의 가능성을 줄일 수 있습니다. 그리고 예쁘게 찍은 공실 사진은 다음 거래 시 광고 사진으로 활용하기에도 좋습니다.

5) 공실 상가

위와 비슷한 경우인데 의뢰받은 공실 상가의 임대인이 멀리 거주하는 경우 현장 확인을 통해 여러 가지를 챙길 수 있습니다. 특히 오랫동안 공실이었던 1층 상가라면 의뢰받고 빠른 시일 내에 현장 확인을 하시는 것이 좋습니다. 현장에 갔을 때 명함이나 전단지 등으로 어지럽

혀져 있다면 전속 의뢰를 받을 수 있는 좋은 기회예요.

그대로 Before 사진을 찍고, 명함과 전단지를 치운 후 After 사진을 촬영하여 임대인에게 보내면 됩니다. 오래된 공실인 것이 티가 나면 날수록 손님이 붙을 가능성이 줄어드는데 이를 임대인이 모를 리가 없습니다. 이를 잘 설명하면서 사진을 보낸다면 전속 의뢰를 받든 신뢰를 얻든 성과는 분명히 있습니다. 단독으로 임대 문의 현수막을 붙일 수도 있고요.

그리고 일반적으로 소유자가 한 명인 일반건축물보다 구분 등기가 되어 있는 집합건축물(구분 상가)이 임대인이 멀리 거주하는 경우가 많은데, 구분 상가는 대부분 관리사무소가 따로 있습니다. 만일 상가가 차량이나 배너 등의 광고물로 가려져 있다면 관리사무소에 정중히 이 부분의 관리를 요청할 수 있겠죠. 업무 범위를 벗어난 요청일 수 있기 때문에 명함을 건네면서 조심스럽게 부탁하는 것이 좋습니다.

이러한 과정을 통해 임대인의 신뢰를 얻었다면 임대문의 현수막 부착에 대한 동의를 요청해 볼 수 있습니다. 의뢰한 다른 중개사무소에서 싫어할까 봐 현수막 부착을 꺼리는 경우가 있는데, 최근에 계약된 상가가 대부분 임대문의 현수막 문의를 통해 성사되었다고 설득하면 부착에 동의해 주기도 합니다. 물론 끝까지 동의 안 해 주는 경우도 있지만, 임대 문의 현수막은 효과가 좋기 때문에 적극적으로 요청할 필요가 있습니다.

최근에 시험을 보신 공인중개사분들이라면 더 잘 아시겠지만 임대문의 현수막은 다음의 다섯 가지 사항을 반드시 기재해야 합니다.

① 중개사무소 명칭
② 중개사무소 소재지
③ 연락처
④ 등록번호
⑤ 개업공인중개사의 이름

그리고 연락처는 등록관청에 등록한 전화번호여야 합니다. 개업공인중개사 명의의 연락처라고 하더라도 등록관청에 등록되어 있는 번호가 아니라면 문제가 될 수 있습니다. 참고로 연락처 추가 방법은 등록관청에 전화하면 바로 알려 줍니다.

6) 두 번째 임장

손님이 집이나 상가를 두 번째 보는 경우라면 계약으로 연결될 가능성이 높습니다.

매물을 하나만 보고 계약하는 경우는 거의 없고, 여러 곳을 보고 계약 의사가 있는 매물만 추려서 한 번 더 보러 가는 것이 일반적입니다. 따라서 같은 매물을 두 번 본다는 건 계약 의사가 어느 정도 있다는 뜻이죠. 집이든 상가든 두 번째 볼 때는 손님 입장에서 당연히 조금 더 꼼꼼하게 현장을 살핍니다.

저는 이때 단독 경보형 감지기 수량, 소화전과 비상벨의 유무와 위치, 보일러 제조일 등을 확인합니다. 물론 의뢰받았을 때 현장 확인을 통해 알고 있는 경우도 있지만, 미리 파악을 못 했거나 빠진 부분이 있다면 두 번째 임장 시 확인하고 있어요. 이렇게 해야 확인설명서 작성하는 게 편합니다.

그리고 줄자를 꼭 챙겨 가는데, 가전이나 가구 배치 가능 여부에 따라 결정이 달라지기도 하고 새로 구입하는 경우에도 사이즈 측정은 필요하기 때문이죠. 그래서 계약 이후 집을 보러 갈 때는 줄자가 필수입니다. 또한, 해당 단지에 기계식 주차장만 있다면 입고 가능한 차량 제원을 확인하는 것도 중요합니다. 기계식 주차장이라면 보통 입구에 입고 가능 차량 제원이 써져 있어요. 매물 접수 후 현장 확인 시 미리 사진을 찍어 놓는 것도 좋은 방법입니다.

가끔은 앞의 상황과 다른 이유로 집을 두 번 보러 가는 경우가 있습니다. 처음 집을 본 사람이 계약 당사자가 아닌 경우인데, 이런 상황은 가급적 피하는 것이 좋습니다. 물론 정말 불가피한 상황이거나 계약 가능성이 높다고 판단되는 경우, 집을 보러 온 사람에게 결정 권한이 있는 경우(대표적으로 부모님이 학생인 자녀의 집을 알아보는 경우)에는 집을 보여 주기도 하지만 이런 상황이 아니라면 집을 보러 가지 않습니다. 원하는 매물을 찾을 수 있겠다고 판단이 되면 최선을 다해서 찾아 드린다는 멘트와 함께 당사자와 같이 방문하시라고 안내하고 있어요.

손님이 정말 없는 경우라면 이런 상황에서도 집을 보여 주겠지만, 어차피 집을 다시 봐야 하기 때문에 시간 낭비가 될 가능성이 높습니다. 앞에서 여러 차례 말씀드린 것처럼 우리는 효율적으로 움직여야 합니다. 임장은 늘 기회비용이 따르고, 시간은 곧 돈이기 때문에 불필요한 활동은 가급적 피하는 것이 좋겠죠.

7) 계약 당사자 연락처

계약 이후 공인중개사에게 상대방의 연락처를 물어볼 때가 있습니다. 교부한 계약서에 연락처가 기재되어 있다는 걸 모르고 있거나, 당장 연락이 필요한 상황에서 계약서를 갖고 있지 않은 경우입니다. 여기서의 핵심은 계약서가 '교부'되었다는 것이죠. 서로의 연락처가 기재

되어 있는 계약서를 이미 교부한 만큼, 계약 당사자에게 상대방의 연락처를 알려 주는 것은 큰 무리가 없습니다.

다만, 계약 당사자의 배우자 또는 다른 가족이 거래 상대방의 연락처를 물어보는 경우에는 주의하셔야 합니다. 아무리 배우자 또는 가족이라도 계약 관계에 있어서는 어디까지나 제3자일 뿐이죠. 그래서 저는 개인정보 보호 지침이라고 안내하며 계약 당사자에게 연락처를 알려 줍니다.

잔금 완료 후 집 비밀번호를 알려 줄 때도 마찬가지입니다. 계약 당사자가 직접 알려 주는 건 문제가 되지 않겠지만, 공인중개사가 매수인 또는 임차인에게 비밀번호를 알려 주는 경우에는 가족이 아닌 계약 당사자에게 직접 알려 줘야 합니다.

그리고 공실인 경우에는 가끔 잔금 전에 비밀번호를 요청할 때가 있는데 이때는 잔금 완료 후 알려 주는 것이 원칙이라고 안내를 하고, 집주인이 동의하는 경우에만 직접 알려 주도록 하는 것이 좋습니다. 매도인이 매수인에게, 임대인이 임차인에게 직접 알려 준 경우라면 비밀번호를 일찍 알려 줘서 발생한 문제에 대해 공인중개사에게 책임을 물을 수 없겠지요.

8) 중개보수

중개보수는 단순히 중개 활동에만 수반되는 수수료 개념이 아닙니다. 사후 책임에 대한 비용이 포함되며, 이를 증명하기 위해 인장을 날인하고 공제 증서를 교부합니다.

이 대가를 인정하는 중개의뢰인이 있는 반면 터무니없이 깎으려고만 하는 의뢰인도 있습니다. 우리가 정당하게 노력하고 중개 서비스를 제공했음에도 불구하고 중개보수를 터무니없이 깎으려는 의뢰인을 만나면 속상할 수밖에 없지요. 그래서 가급적 이런 상황은 안 만드시는 게 좋습니다. 피한다고 100% 피해지는 상황은 아니지만 저도, 여러분도 정당한 보수를 받을 수 있도록 노력해야 한다는 사실에는 이견이 없을 것입니다.

이와 관련해서 정답이 있는 것도 아니고, 이미 좋은 노하우를 알고 있는 분들도 계실 거라고 생각합니다. 따라서 아직 배움의 단계에 있는 제 경험은 참고로 봐 주시고, 더 좋은 노하우를 쌓아 가기 위한 노력은 꾸준히 이어 가시길 권합니다.

(1) 예정에 없던 서비스 제공

앞에서 언급한 이사 안내문이 하나의 예입니다. 서프라이즈 방식이 좋기 때문에 계약 당시에는 말하지 않습니다. 중개 과정에서 최선을 다하는 것이 그 무엇보다 우선이지만, 예정에 없던 서비스를 제공하면 중개보수 깎일 가능성이 낮아집니다.

　타지역에서 이사 오는 손님에게 인근 병원, 약국, 마트, 다이소 등의 위치와 공원이나 공영주차장 등 공공시설 정보가 포함된 안내문을 제공하기도 하고 키친타월, 디퓨저 등을 선물하기도 합니다. 품목은 당연히 중개보수를 고려해서 합리적인 수준으로 정합니다.

　저는 예전부터 소액 투자를 영업의 방식으로 활용했습니다. 트레이너 할 때는 양말, 머리 고무줄, 종류별 생리통약까지 늘 구비했으며 PT 회원들에게 개별 포장 단백질 파우더, 벨트나 스트랩 등 운동용품, 레깅스 등 운동복까지 선물했습니다. 이때의 경험을 바탕으로 투자한 것 이상으로 회수가 가능하다는 사실을 알고 있기 때문에 중개업에도 그대로 적용하고 있습니다.

(2) 중개보수를 협의하는 시점
　보통 매매가를 확정할 때 중개보수를 협의합니다. 매매가를 조율할 때 매도인에게는 이 가격으로 계약하셔도 중개보수는 다 주셔야 한다고 이야기하고, 매수인에게는 이 가격으로 성사되면 중개보수는 당연히 다 주셔야 한다고 이야기합니다. 대상은 다르지만 결국 같은 말이죠.
　물론 부동산 경기 변동(매도자 우위 시장 vs 매수자 우위 시장)에 따라 어느 일방에게는 협의가 어려운 경우도 있고 중개하는 지역에 따라 통상의 시장 요율이 낮게 형성되어 있는 경우도 있습니다. 그럼에도 불구하고 중개보수 협의 타이밍을 잡는 것은 꼭 필요하기 때문에 지속적으로 시도하시는 것이 좋습니다.

그리고 매매가 조율 시점 외에도 중개보수를 협의할 때가 있는데, 의뢰를 받을 때부터 또는 가격 외의 조건을 조율할 때 유리한 쪽의 의뢰인과 협의를 하기도 합니다. 핵심은 의뢰인이 기분 좋을 때, 아쉬울 때, 급할 때 협의를 하는 것입니다.

(3) 기존 임차인의 만기 전 퇴실

기존 임차인이 만기 전에 퇴실하는 경우에는 통상 기존 임차인이 새로운 임차인을 직접 구하고 중개보수를 부담합니다. 향후 체결되는 계약은 당연히 임대인과 신규 임차인 사이의 계약이고 중개보수 납부 의무도 계약 당사자에게 있지만, 기존 임차인이 계약 기간을 채우지 못했기 때문에 대신 중개보수를 납부하는 것이죠.

주택이든 상가든 계약 기간을 채우지 못하고 나가야 하는 이유가 있는 임차인이 의뢰하는 경우가 대부분이라 다음 임차인만 잘 찾아 준다면 일반적으로 협의한 중개보수를 그대로 지급합니다.

하지만 가끔 "화장실 들어갈 때, 나갈 때 다르다"라는 말이 생각나는 의뢰인도 있습니다. 빨리 나가야 한다며 잘 부탁한다고 의뢰했을 때와는 다르게 막상 신규 임차인이 나타나고 계약이 체결되자 중개보수가 너무 비싸다며 깎아 달라고 요구하는 의뢰인들이 있습니다. 저는 이럴 때를 대비해서 미리 임대인에게 중개보수에 대한 내용을 언급합니다.

중개보수 납부 의무는 임대인에게 있지만 계약 기간을 다 채우지 못해 기존 임차인이 대신 납부하는 상황이라는 점을 안내하고(대부분의 임대인은 이미 잘 알고 있는 내용입니다), 중개보수 지급이 완료되기 전까지는 보증금 반환을 하시면 안 된다고 말씀드립니다. 임대인 입장에서는 보증금 반환에 앞서 미납 임대료와 관리비, 손해배상금 등 공제할 부분 외에도 중개보수까지 체크해야 하는 것이죠. 저는 이 방법으로 중개보수를 깎거나 지급을 미루려는 기존 임차인들에게 협의한 중개보수를 전부 받아 냈습니다.

기존 임차인 입장에서는 협의한 중개보수를 납부하지 않으면 보증금을 반환받지 못하는 상황이기 때문에 빼도 박도 못하고 중개보수를 납부해야 하는 것이죠. 악질 임차인의 경우 중개보수를 지급했다고 거짓말을 할 수도 있기 때문에(실제 사례), 임대인에게 중개보수 지급 여부는 반드시 공인중개사를 통해 확인하시라고 안내해야 합니다.

(4) 협의 시점 녹취

중개보수를 잘 협의하는 것도 중요하지만 이를 기록하는 것도 중요합니다. 저는 매물장(구글 스프레드시트)에 중개보수를 협의한 시점을 꼭 기록하는데, 이렇게 해야 나중에 확인할 일이 있을 때 녹취나 문자를 찾는 것이 편하기 때문입니다.

이를 확인해야 할 일이 많지는 않지만, 꼭 찾아야 하는 경우에 시점을 기록하지 않았다면 녹취를 찾는 것이 훨씬 어렵겠지요.

녹취 등 근거가 필요한 이유는 협의한 적이 없다고 말을 바꾸는 의뢰인들이 분명 있기 때문입니다. 저도 여러 번 경험했는데, 통화 녹음을 들려줄 필요도 없이 몇 월 며칠에 안내와 동의가 있었다는 말만 하더라도 대부분 인정합니다. 본인이 동의한 것이 확실하기 때문에 이를 번복하는 것이 쉽지 않겠죠.

지속적인 공부

앞서 설명한 중개 사례, 물어보고 찾아보는 것 모두 현재 진행형이며 배움의 과정입니다. 기회가 될 때마다 강의를 듣고, 스터디에 참석하고 있습니다. 어렵고 힘들게 취득한 자격증인 만큼 돈도 잘 벌고 싶고 행복하게 일하고 싶은데, 이를 위해선 지속적인 공부가 필수이기 때문입니다.

경쟁에서 살아남기 위해 마케팅 공부도 해야 하고 손님 응대하는 노하우도 터득해야 합니다. 그리고 어렵게 공부한 내용은 시도 때도 없이 개정됩니다.

2024년 7월 중개대상물 확인설명서(주거용 건축물)가 개정되었고, 2025년부터 표시·광고 명시사항 세부기준 일부개정 고시안이 시행되었습니다. 이에 따라 확인설명서 작성 시 개정된 서식을 사용해야 하고, 위반 건축물의 경우 매물 광고 시 위반 건축물이라는 사실을 기재해야 합니다. 이러한 개정은 자칫 놓칠 경우 과태료 부과로 연결될 수 있는 만큼 늘 관심과 주의를 기울여야 하죠.

이런 변화에 발 빠르게 대응할 수 있는 방법 중 하나가 책 초반에 설명한 합격자 모임 참여입니다. 눈앞에 있는 중개에만 급급하여 갇혀있는 것이 아니라 모임 활동, 세미나 참석 등을 통해 지속적으로 교류한다면 분명 나날이 성장하는 공인중개사가 될 수 있습니다.

관련 서적이나 자료를 통해 공부하는 내용을 블로그에 옮기면서 정리도 하고, 브리핑 자료로 만들기도 하면서 내 중개 지식을 함양할 수 있습니다. 그리고 맹목적으로 공부하시기보단 지역과 주 중개대상물을 고려하여 당장 필요한 내용을 우선으로 공부하는 것이 중요합니다. 만약 아파트 단지 내 중개사무소를 오픈할 계획인데 토지에 대한 공부를 깊게 하거나, 당장 경매 또는 매수 신청 대리를 할 계획이 없는데 경매 공부를 하는 것은 우선순위를 고려한 선택이 아니겠지요. 증여세와 상속세도 일부 지역을 제외하면 급하게 공부해야 할 내용이 아닙니다. 반면, 주택임대차보호법과 상가건물 임대차보호법은 주로 주택과 상가를 중개하는 분들이라면 반드시 우선으로 학습해야 할 필수 지식입니다.

이렇게 꾸준히 공부하고 노력한다면 성공적인 중개업, 행복한 중개업을 하실 수 있을 거라고 확신합니다.

단순히 조금 더 일찍 개업했다는 이유만으로 창업 과정과 실무에 대한 내용을 써 봤습니다. 저도 아직 갈 길이 멉니다. 이번엔 저자와 독자로 만났지만 나중엔 제가 여러분에게 배울 기회가 있을 수 있고, 같은 강의를 듣는 수강생으로 만날 수도 있습니다. 서로 성장하고 있는 공인중개사가 되어 만날 기회가 있었으면 좋겠습니다.

중개업을 이제 막 시작한, 곧 시작하려는 여러분에게 조금이나마 힌트가 되었기를 바라며 집필을 마칩니다.

**공인중개사
합격부터 창업까지**

ⓒ 김정우, 2025

초판 1쇄 발행 2025년 7월 1일

지은이	김정우
펴낸이	이기봉
편집	좋은땅 편집팀
펴낸곳	도서출판 좋은땅
주소	서울특별시 마포구 양화로12길 26 지월드빌딩 (서교동 395-7)
전화	02)374-8616~7
팩스	02)374-8614
이메일	gworldbook@naver.com
홈페이지	www.g-world.co.kr

ISBN 979-11-388-4425-3 (03320)

- 가격은 뒤표지에 있습니다.
- 이 책은 저작권법에 의하여 보호를 받는 저작물이므로 무단 전재와 복제를 금합니다.
- 파본은 구입하신 서점에서 교환해 드립니다.